华夏万卷
让人人写好字

欢迎点击：www.scwj.net

小学生同步

部编人教版

写字课

一年级 下册

田英章 书

班级：＿＿＿＿＿＿＿＿

姓名：＿＿＿＿＿＿＿＿

上海交通大学 出版社
SHANGHAI JIAO TONG UNIVERSITY PRESS

图书在版编目（CIP）数据

写字课. 一年级. 下册 / 田英章书. —上海：上海交通大学出版社，2018

（华夏万卷）

ISBN 978-7-313-20137-9

Ⅰ.①写⋯　Ⅱ.①田⋯　Ⅲ.①汉字–硬笔字–小学–法帖　Ⅳ.①G624.753

中国版本图书馆 CIP 数据核字〔2018〕第 207668 号

写字课·一年级下册

田英章　书写

出版发行：上海交通大学出版社		地　　址：上海市番禺路 951 号	
邮政编码：200030		电　　话：021-64071208	
出 版 人：谈　毅			
印　　刷：成都祥华印务有限责任公司		经　　销：全国新华书店	
开　　本：787mm×1092mm　1/16		印　　张：4.5	
字　　数：108 千字			
版　　次：2018 年 10 月第 1 版		印　　次：2018 年 10 月第 1 次印刷	
书　　号：ISBN　978-7-313-20137-9/G			
定　　价：20.00 元			

编写说明

　　《中小学书法教育指导纲要》针对不同学段的写字教育制定了非常明确的目标与要求："小学低年级学习用铅笔写正楷字，掌握汉字的基本笔画、常用的偏旁部首和基本的笔顺规则；会借助习字格把握字的笔画和间架结构，书写力求规范、端正、整洁，初步感受汉字的形体美。小学中年级开始学习使用钢笔，能用钢笔熟练地书写正楷字，做到平正、匀称，力求美观，逐步提高书写速度。小学高年级，运用横线格进行成篇书写练习时，力求行款整齐、美观，有一定速度；有兴趣的学生可以尝试用硬笔学写规范、通行的行楷字。初中阶段，学写规范、通行的行楷字。高中阶段，可以学习用硬笔书写行书，力求美观。"

　　本套《写字课》系列字帖依据《中小学书法教育指导纲要》的精神，在语文新课程标准大背景下，配合人教版新编教材进行了内容的全新升级。新增"书法课堂"，从基本笔画到偏旁部首，再到字形结构，对硬笔书写技巧进行详细讲练，循序渐进打牢硬笔书写基础。每单元末特设书写检测内容，针对本单元的字、词、句等进行归类训练，阶段性检测练字效果。

　　为了方便同学们使用本字帖，特将书中所涉及的栏目和功能分别介绍如下：

　　书法课堂：每个单元前设置"书法课堂"，从写字姿势、基本笔画、笔顺规则到偏旁部首、字形结构，再到字形的变化等方面进行详细讲练。

　　我会认：编入教材《识字表》中的生字，特别附加了拼音，方便认读。

　　我会写：编入教材《写字表》中的生字，详细讲解每个生字的书写技法，并设置了笔顺描红，以及拼音、生字、组词的描红和临写。

　　笔顺动画：每课生字配有规范笔顺动画，扫二维码即可观看。

　　词语积累：编入课文中的重点词语，设置描红和临写，一边书写一边积累词语。右侧的多音字、形近字、近义词、反义词等小栏目可以帮助同学们拓展语文知识。

　　背诵精选／精彩句段：精选教材上要求背诵或精彩的句段，设置描红及临写，一边书写一边诵记。

　　诗词读写：编入课文中的必背古诗词，设置描红、临写或填空，在练字的同时进行诵记。

　　字词听写：每课末设置字词听写内容，扫二维码即可完成听写练习。

　　语文园地：每单元末针对本单元的字、词、句等进行归类训练，阶段性检测练字效果。

　　作品欣赏　作品纸：以书法作品的形式展现课本中要求掌握的重点古诗词，可供欣赏、临习；彩色作品纸可供创作、展示。

　　写好字不仅要有正确的方法，更需要坚持不懈的练习，愿《写字课》能让同学们爱上写字每一刻！

华夏万卷

目 录

书法课堂

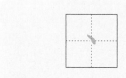

书法课堂一

教学视频

点 画

笔画讲练

【写法】

1.长度	2.方向
写短	从左上往右下
3.速度	4.弧度
由快到慢	略带弧度

范字训练

点竖直对
上短下长
上宽下窄

宁

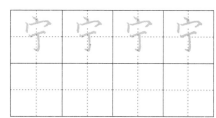

口部稍扁
此横最长
点钩对正

京

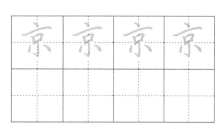

字呈三角形
撇短捺长
四点间距匀称

杰

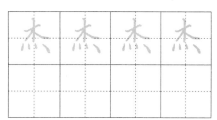

点画的七十二变

左 点
向左下行笔

右 点
向右下行笔

练一练

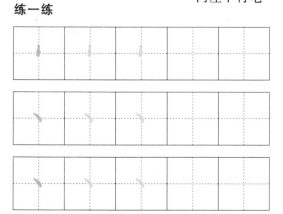

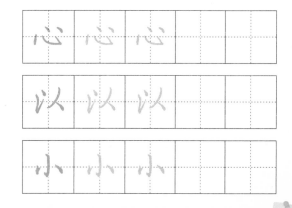

识 字　　　　**1　春夏秋冬**

笔顺动画

 我会认

shuāng chuī luò jiàng piāo yóu chí rù
霜 吹 落 降 飘 游 池 入

我会写

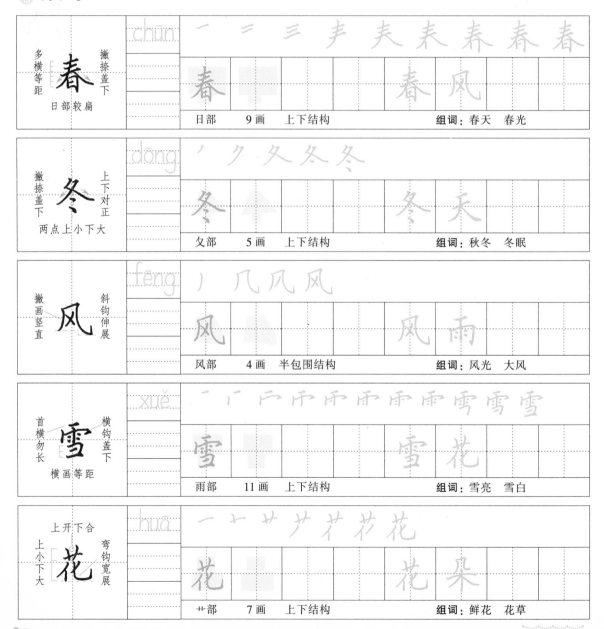

	chūn	一 二 三 声 夫 夫 春 春 春
多横等距　撺捺盖下　**春**　日部较扁	春	春　风
	日部　9画　上下结构	组词：春天　春光

	dōng	丿 夂 夂 冬 冬
撺捺盖下　上下对正　**冬**　两点上小下大	冬	冬　天
	夂部　5画　上下结构	组词：秋冬　冬眠

	fēng	丿 几 风 风
撺画竖直　斜钩伸展　**风**	风	风　雨
	风部　4画　半包围结构	组词：风光　大风

	xuě	一 厂 户 雨 雨 雪 雪 雪
首横勿长　横钩盖下　**雪**　横画等距	雪	雪　花
	雨部　11画　上下结构	组词：雪亮　雪白

	huā	一 十 艹 艹 花 花
上开下合　弯钩宽展　上小下大　**花**	花	花　朵
	艹部　7画　上下结构	组词：鲜花　花草

来打分吧

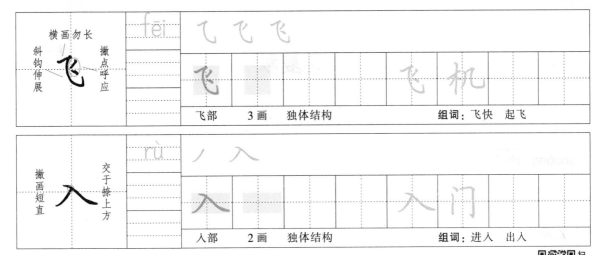

	fēi			
横画勿长 斜钩伸展 撇点呼应 **飞**		飞		飞机

飞部　3画　独体结构　　　　　组词：飞快　起飞

	rù			
撇画短直 **入** 交于捺上方		入		入门

入部　2画　独体结构　　　　　组词：进入　出入

 字词听写　　　　　　　　　　　　　　　　　　　扫码听写

xuě	fēi	dōng	chūn tiān	dà fēng	chū rù

笔顺动画

2　姓氏歌

 我会认

xìng	shì	lǐ	zhāng	gǔ	wú	zhào	qián	sūn	zhōu	wáng	guān
姓	氏	李	张	古	吴	赵	钱	孙	周	王	官

我会写

	xìng			
竖画直挺 左伸右缩 **姓** 末横稍长		姓		姓名

女部　8画　左右结构　　　　　组词：姓氏　贵姓

	shén			
横短竖长 **什** 末竖直长 左窄右宽		什		什么

亻部　4画　左右结构　　　　　组词：什么

 来打分吧

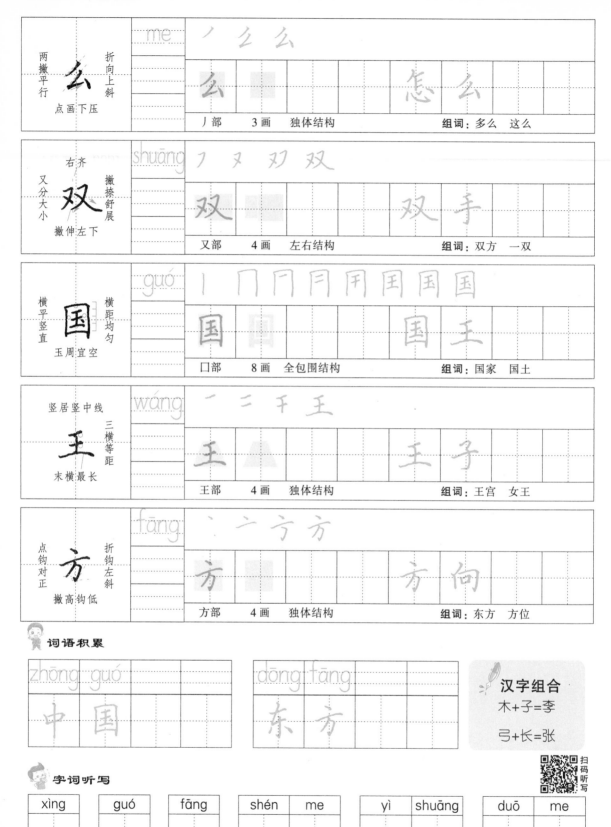

	me	ノ ム 么						怎 么					
两撇平行 幺 折向上斜 点画下压		么											
		ノ部　　3画　　独体结构					组词：多么　这么						

	shuāng	フ 又 双 双						双 手					
右齐 又分大小 双 撇捺舒展 撇伸左下		双											
		又部　　4画　　左右结构					组词：双方　一双						

	guó	丨 冂 冂 冃 囷 国 国 国						国 土					
横平竖直 国 横距均匀 玉周宜空		国											
		囗部　　8画　　全包围结构					组词：国家　国土						

	wáng	一 二 干 王						王 子					
竖居竖中线 王 三横等距 末横最长		王											
		王部　　4画　　独体结构					组词：王宫　女王						

	fāng	丶 亠 方 方						方 向					
点钩对正 方 折钩左斜 撇高钩低		方											
		方部　　4画　　独体结构					组词：东方　方位						

词语积累

| zhōng guó | |
| 中 国 | |

| dōng fāng | |
| 东 方 | |

汉字组合

木+子=李

弓+长=张

扫码听写

字词听写

| xìng | | guó | | fāng | | shén | me | | yì | shuāng | | duō | me |
| | | | | | | | | | | | | | |

来打分吧

3 小青蛙

笔顺动画

 我会认

qīng	qíng	yǎn	jīng	bǎo	hù	hài	shì	qíng	qǐng	ràng	bìng
清	晴	眼	睛	保	护	害	事	情	请	让	病

 我会写

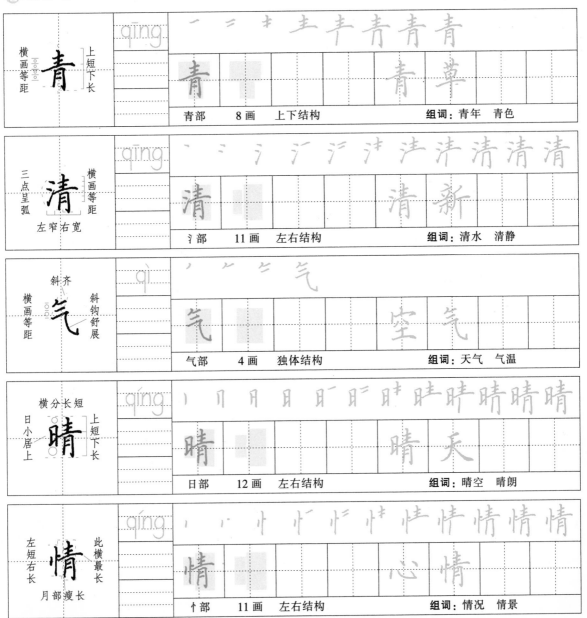

青部　8画　上下结构　　　　　　　　　组词：青年　青色

氵部　11画　左右结构　　　　　　　　组词：清水　清静

气部　4画　独体结构　　　　　　　　　组词：天气　气温

日部　12画　左右结构　　　　　　　　组词：晴空　晴朗

忄部　11画　左右结构　　　　　　　　组词：情况　情景

来打分吧

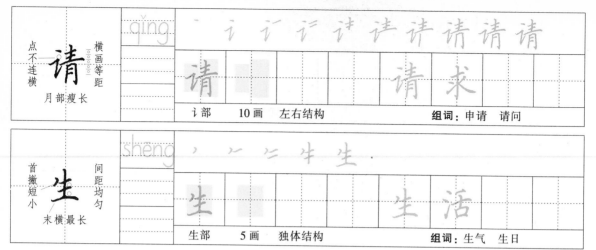

点不连横 **请** 月部瘦长 横画等距	qǐng	`讠 讠 讠 请 请 请 请 请` 请 请 求
		讠部　　10画　　左右结构　　　　　　组词：申请　请问

首撇短小 **生** 末横最长 间距均匀	shēng	`丿 亻 仁 生 生` 生 生 活
		生部　　5画　　独体结构　　　　　　组词：生气　生日

 字词听写

 扫码听写

qīng	qíng	qíng	qǐng	wèn	qīng	shuǐ	shēng	rì

 笔顺动画

4　猜字谜

 我会认

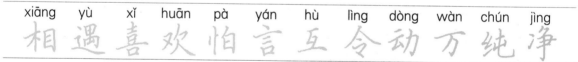

xiāng	yù	xǐ	huān	pà	yán	hù	lìng	dòng	wàn	chún	jìng
相	遇	喜	欢	怕	言	互	令	动	万	纯	净

我会写

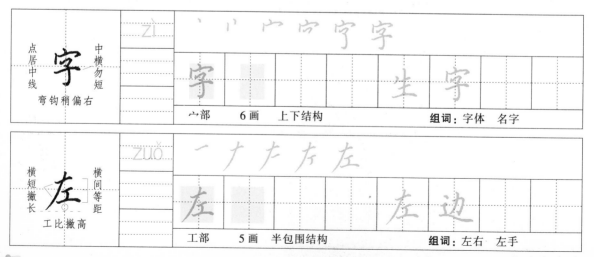

点居中线 **字** 弯钩稍偏右 中横勿短	zì	`丶 丶 宀 宁 字 字` 字 生 字
		宀部　　6画　　上下结构　　　　　　组词：字体　名字

横短撇长 **左** 工比撇高 横间等距	zuǒ	`一 ナ 左 左 左` 左 左 边
		工部　　5画　　半包围结构　　　　　组词：左右　左手

来打分吧

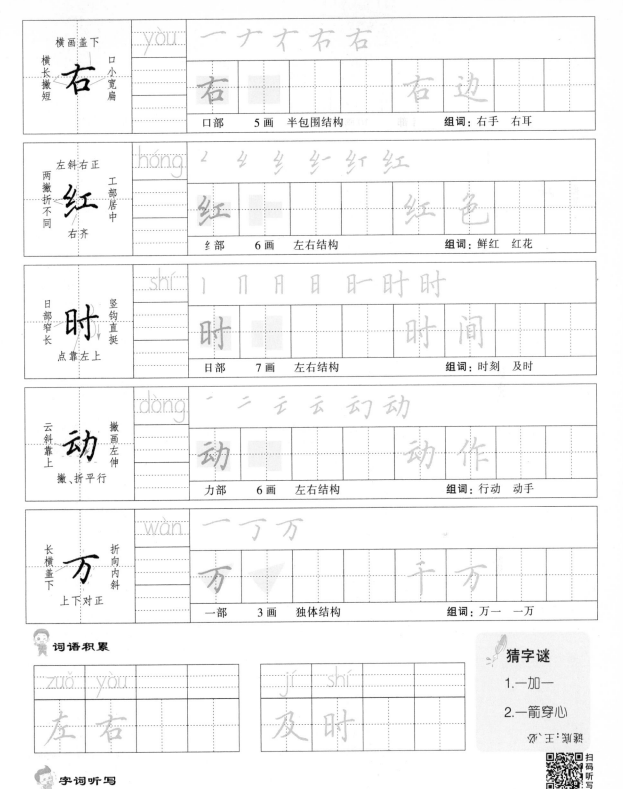

横画盖下 横长撇短 右 口小宽扁	yòu	一 ナ オ 右 右							
		右					右 边		
		口部　5画　半包围结构					组词：右手　右耳		

左斜右正 两撇折不同 红 工部居中 右齐	hóng	乙 纟 纟 纟 红 红							
		红					红 色		
		纟部　6画　左右结构					组词：鲜红　红花		

日部窄长 时 竖钩直挺 点靠左上	shí	丨 冂 冂 日 日 时 时							
		时					时 间		
		日部　7画　左右结构					组词：时刻　及时		

云斜靠上 动 撇画左伸 撇、折平行	dòng	一 二 云 云 劝 动							
		动					动 作		
		力部　6画　左右结构					组词：行动　动手		

长横盖下 万 折向内斜 上下对正	wàn	一 丆 万							
		万					千 万		
		一部　3画　独体结构					组词：万一　一万		

词语积累

zuǒ yòu		
左 右		

jí shí		
及 时		

猜字谜

1. 一加一

2. 一箭穿心

（王、必：底谜）

字词听写

dòng	shí	yòu	zì	zuǒ shǒu	hóng huā	wàn yī

语文园地一

 我会认

yīn léi diàn zhèn bīng dòng jiā
阴 雷 电 阵 冰 冻 夹

一、将下面的生字规范地写在田字格里。

风　花　国　青　生　字　红　动

二、拼一拼,组新字。

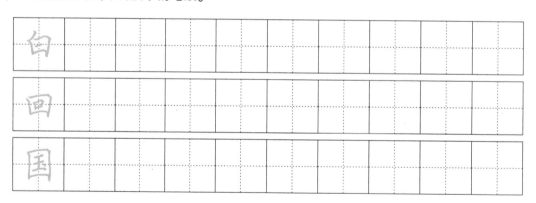

三、工工整整地写出下列汉字的笔顺。

白
回
国

四、把下面的成语补充完整。

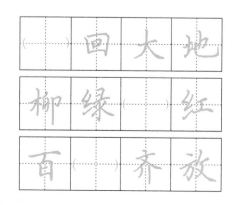

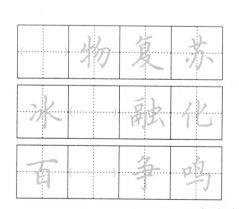

来打分吧

教学视频

特殊笔顺规则:带点的字

一、点最先写

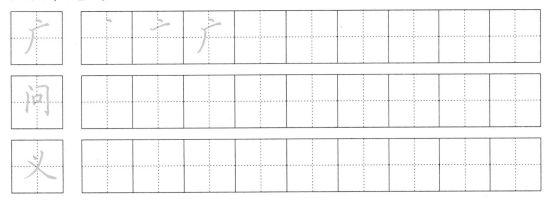

规律:一个字中,当点画在字的正上方时,如"主"字,点最先写;当点画在字的左上方时,如"门"字,点也最先写。

照样子,写笔顺。

二、点最后写

规律:一个字中,当点画在字的右上方时,如"书"字,点要最后写。

照样子,写笔顺。

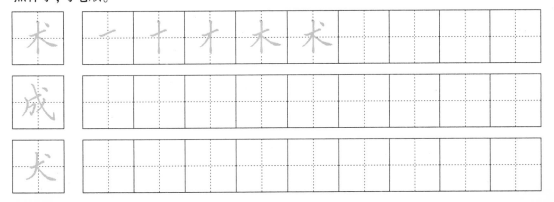

来打分吧

课 文　　　1　吃水不忘挖井人

笔顺动画

 我会认

chī	wàng	jǐng	cūn	jiào	máo	zhǔ	xí	xiāng	qīn	zhàn	shì	miàn
吃	忘	井	村	叫	毛	主	席	乡	亲	战	士	面

 我会写

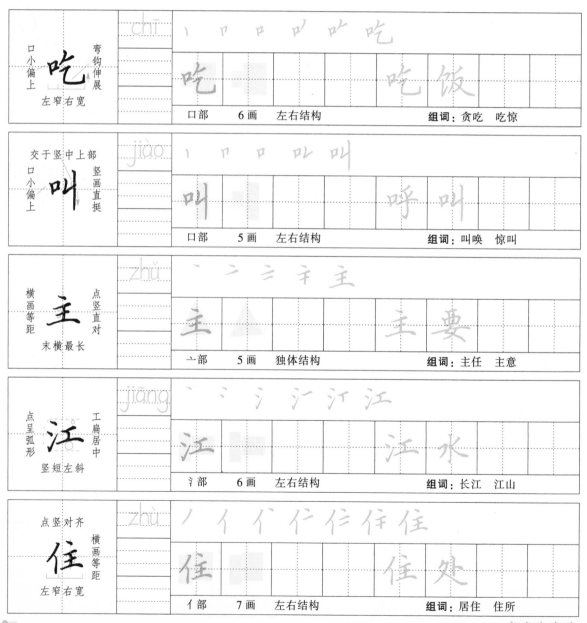

口小偏上 弯钩伸展 左窄右宽 **吃**	chī ㅣ ㅁ ㅁ ㅁㄥ 吃 吃　　吃饭		
	口部　6画　左右结构　　组词：贪吃　吃惊		
交于竖中上部 口小偏上 竖画直挺 **叫**	jiào ㅣ ㅁ ㅁ 叮 叫　　呼叫		
	口部　5画　左右结构　　组词：叫唤　惊叫		
横画等距 点竖直对 末横最长 **主**	zhǔ 丶 亠 主 主 主　　主要		
	丶部　5画　独体结构　　组词：主任　主意		
点呈弧形 工扁居中 竖短左斜 **江**	jiāng 丶 氵 氵 汀 江 江　　江水		
	氵部　6画　左右结构　　组词：长江　江山		
点竖对齐 横画等距 左窄右宽 **住**	zhù 丿 亻 亻 仁 住 住 住　　住处		
	亻部　7画　左右结构　　组词：居住　住所		

来打分吧

	méi	一 二 氵 氵 沪 没 没	没 有
不带钩 弧形排列 **没** 撇捺伸展		没	
		氵部　7画　左右结构	组词：没事　没用

	yǐ	丨 丨 以 以	以 为
点不连提 **以** 人捺变点 左低右高		以	
		人部　4画　左右结构	组词：所以　可以

 字词听写

扫码听写

zhǔ jiào	chī zhù	cháng jiāng	méi yǒu	kě yǐ

2　我多想去看看

笔顺动画

 我会认

xiǎng gào sù lù jīng ān mén guǎng fēi cháng zhuàng guān
想 告 诉 路 京 安 门 广 非 常 壮 观

 我会写

	huì	人 人 会 会 会 会	开 会
撇捺盖下 点画下压 **会** 撇折上提		会	
		人部　6画　上下结构	组词：会合　会员

	zǒu	一 十 土 卡 卡 走 走	走 开
两竖对正 距离一样 **走** 撇收捺展		走	
		走部　7画　上下结构	组词：走路　行走

来打分吧

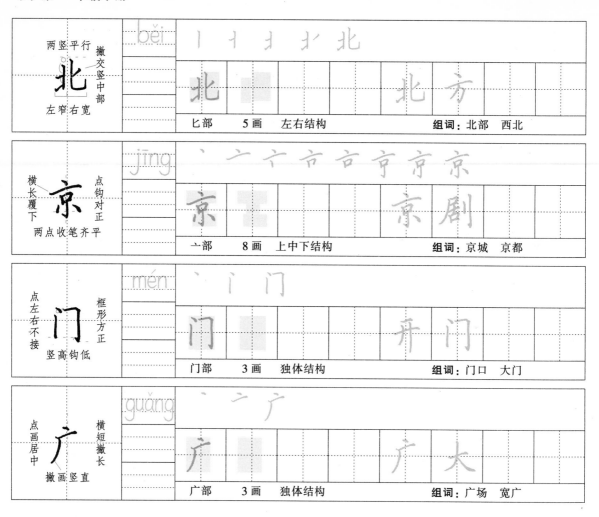

	běi										
两竖平行 撇交竖中部 北 左窄右宽								北方			
	七部	5画	左右结构				组词：北部　西北				

	jīng										
横长覆下 京 点钩对正 两点收笔齐平								京剧			
	亠部	8画	上中下结构				组词：京城　京都				

	mén										
点左右不接 门 框形方正 竖高钩低								开门			
	门部	3画	独体结构				组词：门口　大门				

	guǎng										
点画居中 广 横短撇长 撇画竖直								广大			
	广部	3画	独体结构				组词：广场　宽广				

 词语积累

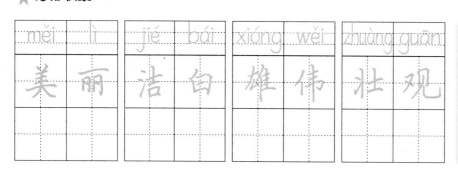

měi lì	jié bái	xióng wěi	zhuàng guān
美丽	洁白	雄伟	壮观

近义词

美丽－漂亮

洁白－洁净

壮观－壮丽

 字词听写

guǎng	zǒu	huì	xī běi	běi jīng	dà mén

来打分吧

3 一个接一个

笔顺动画

我会认

jiē	jiào	zài	zuò	gè	zhǒng	yàng	mèng	huǒ	bàn	què	qù	zhè
接	觉	再	做	各	种	样	梦	伙	伴	却	趣	这

我会写

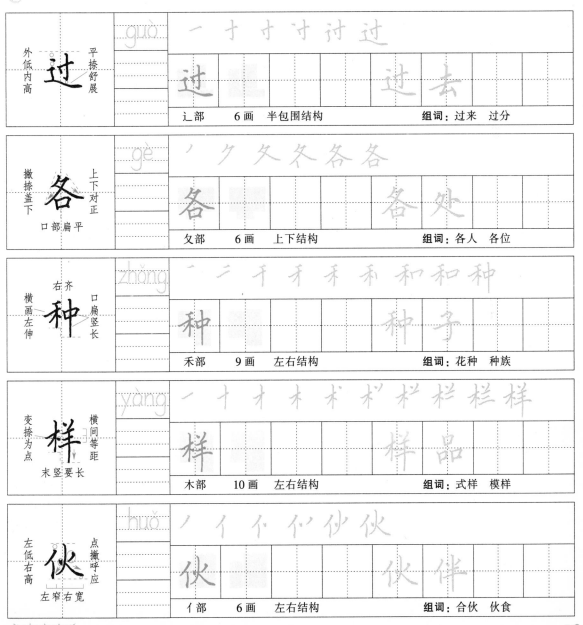

		guò	一 十 寸 寸 过 过									
外低内高	过	平捺舒展	过							过 去		
			辶部	6画	半包围结构				组词：过来　过分			

		gè	ノ ク 久 冬 各 各									
撇捺盖下	各	上下对正	各							各 处		
		口部扁平	夂部	6画	上下结构				组词：各人　各位			

		zhǒng	一 二 千 牙 禾 禾 和 和 种									
横画左伸	种	右齐　口扁竖长	种							种 子		
			禾部	9画	左右结构				组词：花种　种族			

		yàng	一 十 才 木 术 术 样 样 样 样									
变捺为点	样	横间等距　末竖要长	样							样 品		
			木部	10画	左右结构				组词：式样　模样			

		huǒ	ノ イ 仁 仈 伙 伙									
左低右高	伙	点撇呼应　左窄右宽	伙							伙 伴		
			亻部	6画	左右结构				组词：合伙　伙食			

来打分吧

左短右长 **伴** 上短下长 末竖直长	bàn	ノ 亻 个 个 仁 仁 伴						
		伴					陪 伴	
		亻部　7画　左右结构				组词：伴随　相伴		

外低内高 **这** 变捺为长点 平撇舒展	zhè	、 一 亍 文 文 沪 这						
		这					这 位	
		辶部　7画　半包围结构				组词：这个　这边		

 字词听写

 扫码听写

yàng		gè		huǒ	bàn	zhǒng	zi	zhè	ge	guò	lái

 笔顺动画

4　四个太阳

 我会认

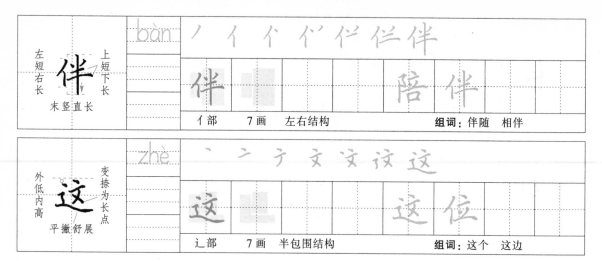

tài yáng dào sòng máng cháng xiāng tián wēn nuǎn gāi yán yīn
太 阳 道 送 忙 尝 香 甜 温 暖 该 颜 因

我会写

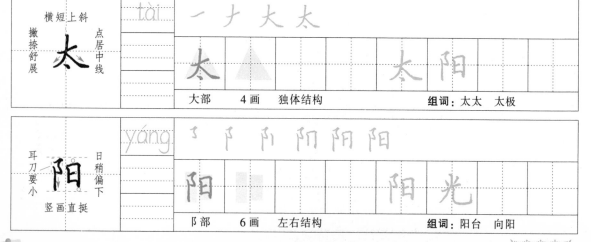

横短上斜 撇捺舒展 **太** 点居中线	tài	一 ナ 大 太						
		太					太 阳	
		大部　4画　独体结构				组词：太太　太极		

耳刀 要小 **阳** 竖画直挺	yáng	阝 阝 阝 阳 阳 阳				日稍偏下		
		阳					阳 光	
		阝部　6画　左右结构				组词：阳台　向阳		

来打分吧

右齐 横短上斜 撇捺交于上方 校	xiào	一 十 十 木 木 杉 杉 杉 校 校		
	校		学 校
	木部　　10画　　左右结构		组词：校园　校车

交点与竖对正 撇捺盖下 末横稍长 金	jīn	丿 人 소 今 全 全 金 金		
	金		金 秋
	金部　　8画　　上下结构		组词：黄金　金银

右齐 横向左伸 捺画舒展 秋	qiū	一 二 千 禾 禾 禾 秒 秋 秋		
	秋		秋 天
	禾部　　9画　　左右结构		组词：秋季　秋收

大部居中 右竖稍长 外框方正 因	yīn	丨 冂 冂 冈 因 因		
	因		原 因
	口部　　6画　　全包围结构		组词：起因　因果

撇画舒展 折画内斜 点、钩斜齐 为	wèi	、 丶 为 为		
	为		为 何
	丶部　　4画　　独体结构		组词：为了　因为

词语积累

| gāo shān | | jīn huáng | |
| 高 山 | | 金 黄 | |

多音字

< wéi 为难
  wèi 因为

字词听写

| tài | qiū | yīn | wèi | | yáng | guāng | | jīn | sè | | xué | xiào |
| | | | | | | | | | | | | |

来打分吧

语文园地二

 我会认

liàng　pǐ　cè　zhī　qiān　kē　jià

辆 匹 册 支 铅 棵 架

一、将下面的生字规范地写在田字格里。

吃　　主　　没　　走　　门　　过　　伙　　校

二、照样子组新字，再组词。

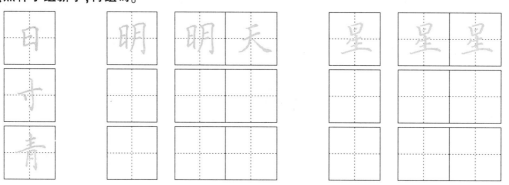

三、将左边的古诗按照左下的格式写一幅作品。

春 晓

〔唐〕孟浩然

春眠不觉晓，处处闻啼鸟。

夜来风雨声，花落知多少。

作品示范

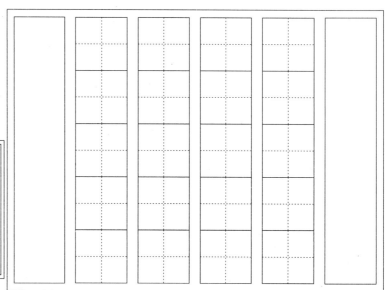

来打分吧

教学视频

书法课堂三

提 画

笔画讲练

【写法】

1.长度	2.方向
长度适中	从左下往右上
3.速度	4.弧度
由慢到快	写直

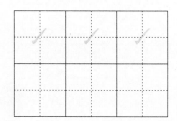

范字训练

横画斜向平行
出头较多
口部扁平
提、点底部齐平

间距均匀
横改为提
竖弯钩宽展
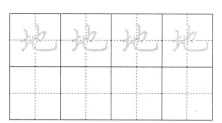

两部相离
横、提左伸
点交竖画中部
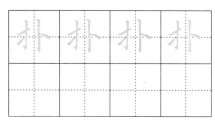

提画的七十二变

提 画	竖 提	横折提
笔画要直,由重到轻	竖直,提出尖	竖略左倾,折角上大下小

练一练

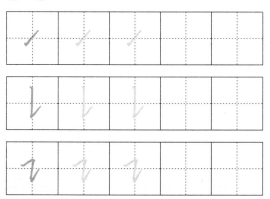

来打分吧

17

5 小公鸡和小鸭子

笔顺动画

 我会认

kuài	zhuō	jí	zhí	hé	xíng	sǐ	xìn	gēn	hū	hǎn	shēn
块	捉	急	直	河	行	死	信	跟	忽	喊	身

 我会写

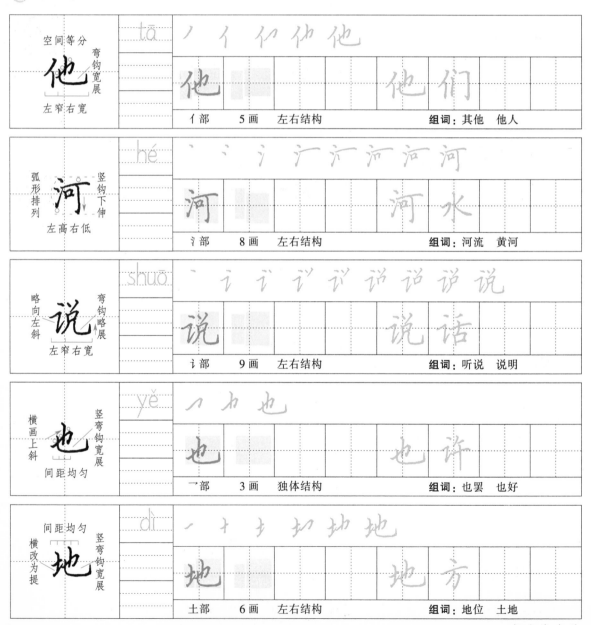

	空间等分 弯钩宽展 左窄右宽 **他**	tā	ノ イ 们 仲 他	他 他们
	弧形排列 竖钩下伸 左高右低 **河**	hé	丶 丶 氵 汀 汀 沪 河	河 河水
	略向左斜 弯钩略展 左窄右宽 **说**	shuō	丶 讠 讠 讠 讠 说 说 说 说	说 说话
	横画上斜 竖弯钩宽展 间距均匀 **也**	yě	フ 刀 也	也 也许
	间距均匀 竖弯钩宽展 横改为提 **地**	dì	一 十 土 圢 圽 地	地 地方

亻部　5画　左右结构　组词：其他 他人

氵部　8画　左右结构　组词：河流 黄河

讠部　9画　左右结构　组词：听说 说明

乙部　3画　独体结构　组词：也罢 也好

土部　6画　左右结构　组词：地位 土地

来打分吧

| 撇短宜平
口小偏上 | 末竖下伸 | tīng
听 | 丶 口 口 口` 听 听 听 | 听 话 |
| 口部　7画　左右结构 | | | | 组词：倾听　听写 |

| 两口竖齐 | 上短下长
长横托上 | gē
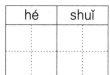哥 | 一 ㄒ 可 可 可 豇 豇 哥 哥 哥 | 哥 哥 |
| 一部　10画　上下结构 | | | | 组词：表哥　堂哥 |

 字词听写

扫码听写

| tīng | tā　men | hé　shuǐ | shuō　míng | tǔ　dì |
| | | | | |

笔顺动画

6　树和喜鹊

 我会认

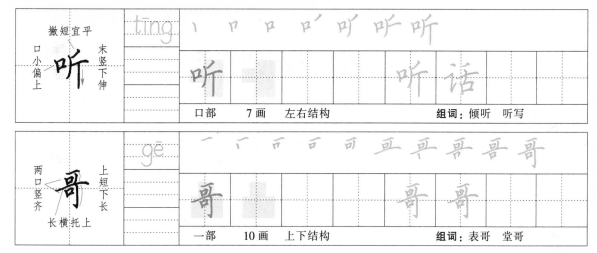

| zhǐ | wō | gū | dān | zhòng | dōu | lín | jū | zhāo | hū | jìng | lè |
| 只 | 窝 | 孤 | 单 | 种 | 都 | 邻 | 居 | 招 | 呼 | 静 | 乐 |

 我会写

| 竖居中线
末横最长 | 上下等长 | dān
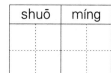单 | 丶 丷 ⺍ ⺍ 肖 白 旦 单 | 单 位 |
| 丷部　8画　上下结构 | | | | 组词：单独　单一 |

| 尸头勿大
长撇舒展 | 横长竖短 | jū
居 | ㇕ ㇕ ㇕ 尸 尸 屈 居 居 | 居 民 |
| 尸部　8画　半包围结构 | | | | 组词：家居　居住 |

来打分吧

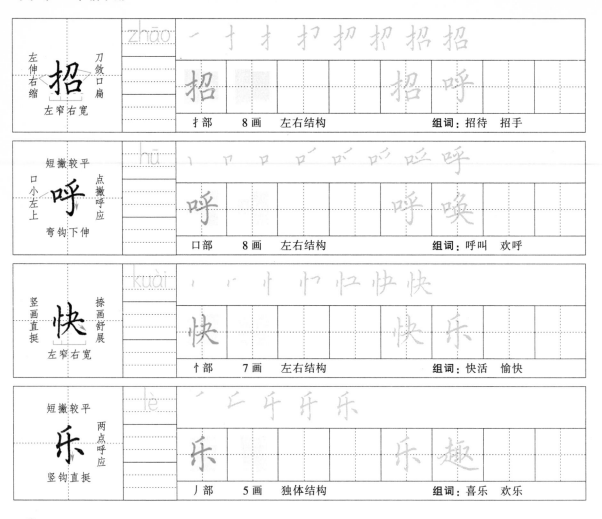

	zhāo	一 十 才 打 打 护 招 招						
左伸右缩 招 刀敛口扁 左窄右宽		招				招 呼		组词：招待 招手
		扌部 8画 左右结构						组词：招待 招手

	hū	丨 口 口 叮 吁 吁 呼 呼						
短撇较平 呼 点撇呼应 口小左上 弯钩下伸		呼				呼 唤		组词：呼叫 欢呼
		口部 8画 左右结构						组词：呼叫 欢呼

	kuài	丶 忄 忄 忙 忙 快 快						
竖画直挺 快 捺画舒展 左窄右宽		快				快 乐		组词：快活 愉快
		忄部 7画 左右结构						组词：快活 愉快

	lè	一 二 乐 乐 乐						
短撇较平 乐 两点呼应 竖钩直挺		乐				乐 趣		组词：喜乐 欢乐
		丿部 5画 独体结构						组词：喜乐 欢乐

 词语积累

cóng	qián		gū	dān		ān	ān		jìng	jìng
从	前		孤	单		安	安		静	静

AABB 词

快快乐乐

平平安安

清清白白

摇摇晃晃

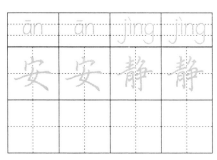

扫码听写

词语听写

zhāo	shǒu		hū	jiào		dān	yī		kuài	lè		jū	zhù

来打分吧

7 怎么都快乐

笔顺动画

我会认

zěn	dú	tiào	shéng	jiǎng	děi	yǔ	qiú	xì	pái	lán	lián	yùn
怎	独	跳	绳	讲	得	羽	球	戏	排	篮	连	运

我会写

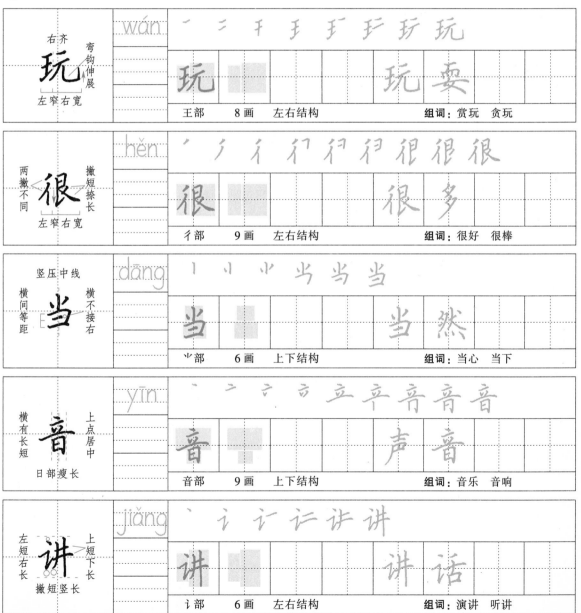

玩 wán
右齐 弯钩伸展 左窄右宽
一 二 千 王 五 玗 玩 玩
王部　8画　左右结构　组词：赏玩　贪玩
玩耍

很 hěn
两撇不同 撇短捺长 左窄右宽
ノ ノ 彳 彳 彳 很 很 很
彳部　9画　左右结构　组词：很好　很棒
很多

当 dāng
竖压中线 横间等距 横不接右
丨 丨 丷 当 当 当
⺌部　6画　上下结构　组词：当心　当下
当然

音 yīn
横有长短 上点居中 日部瘦长
丶 二 立 产 音 音 音
音部　9画　上下结构　组词：音乐　音响
声音

讲 jiǎng
左短右长 上短下长 撇短竖长
丶 讠 讠 讲 讲
讠部　6画　左右结构　组词：演讲　听讲
讲话

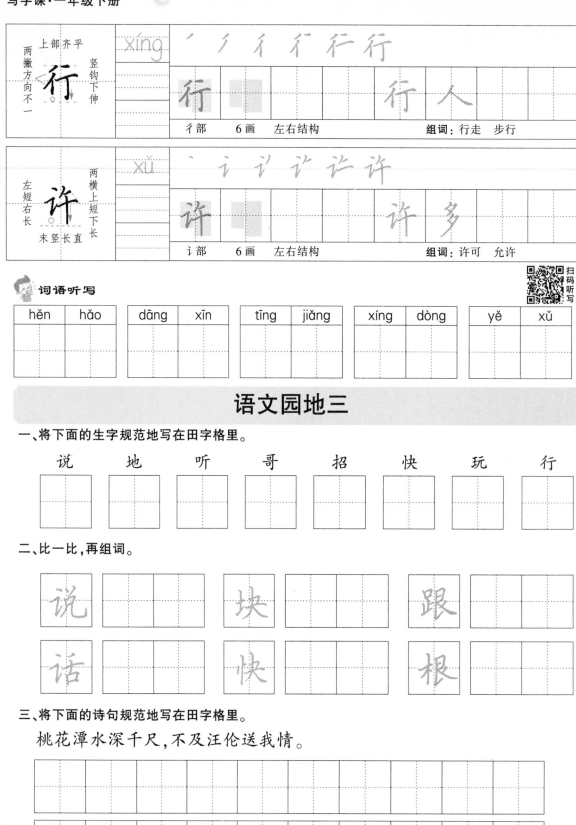

		xíng	´ ノ ィ イ 行 行				
上部齐平 两撇方向不一	行	竖钩下伸		行			行 人
	彳部 6画 左右结构				组词：行走 步行		

		xǔ	、 讠 讠 许 许 许				
左短右长	许	两横上短下长 末竖长直		许			许 多
	讠部 6画 左右结构				组词：许可 允许		

词语听写　　扫码听写

| hěn | hǎo | | dāng | xīn | | tīng | jiǎng | | xíng | dòng | | yě | xǔ |
| | | | | | | | | | | | | | |

语文园地三

一、将下面的生字规范地写在田字格里。

| 说 | 地 | 听 | 哥 | 招 | 快 | 玩 | 行 |
| | | | | | | | |

二、比一比，再组词。

| 说 | | | 块 | | | 跟 | | |
| 话 | | | 快 | | | 根 | | |

三、将下面的诗句规范地写在田字格里。

桃花潭水深千尺，不及汪伦送我情。

来打分吧

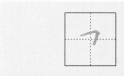书法课堂四

折 画

教学视频

笔画讲练

【写法】

1.长度 　　2.角度

横写长,折写短 　　折往左斜

3.速度 　　4.弧度

慢－慢－慢 　　横、折都写直

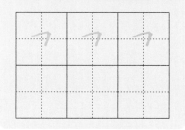

范字训练

两竖内收　整体扁方　口

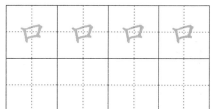

下部内收　定位横、竖中线　田

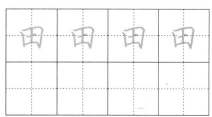

横长折短　点稍靠外　竖画下伸　书

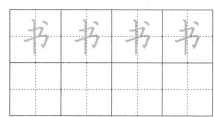

折画的七十二变

横　折	竖　折	撇　折
先横后竖	先竖后横	夹角收紧

练一练

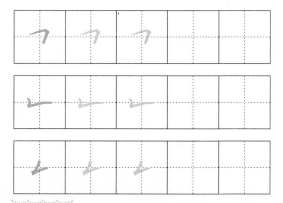

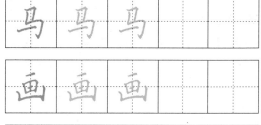

来打分吧

笔顺动画

8 静夜思

 我会认

yè sī chuáng guāng yí jǔ wàng dī gù
夜思床光疑举望低故

我会写

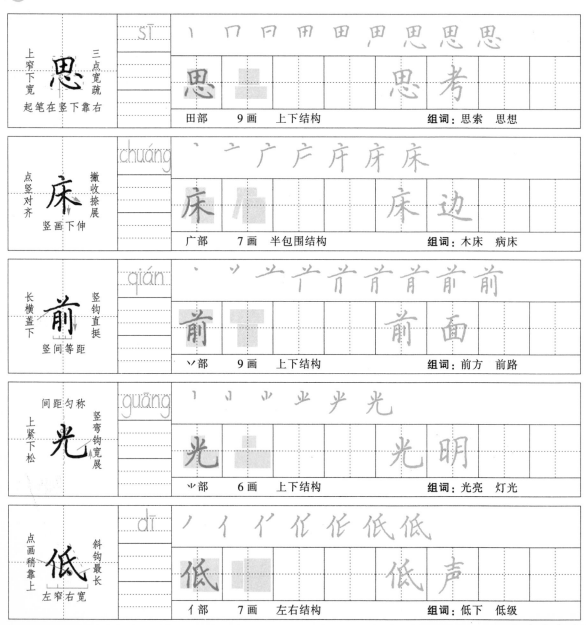

思	sī	丶 冂 冂 用 田 田 思 思 思
上窄下宽 三点宽疏 起笔在竖下靠右	思	思 考
	田部　9画　上下结构	组词：思索　思想

床	chuáng	丶 一 广 广 庐 床 床
点竖对齐 撇收捺展 竖画下伸	床	床 边
	广部　7画　半包围结构	组词：木床　病床

前	qián	丶 丷 丷 产 首 首 首 前 前
长横盖下 竖钩直挺 竖间等距	前	前 面
	丷部　9画　上下结构	组词：前方　前路

光	guāng	丨 丨 丬 丬 业 光
间距匀称 竖弯钩宽展 上紧下松	光	光 明
	丷部　6画　上下结构	组词：光亮　灯光

低	dī	丿 亻 亻 仁 伍 低 低
点画稍靠上 斜钩最长 左窄右宽	低	低 声
	亻部　7画　左右结构	组词：低下　低级

来打分吧

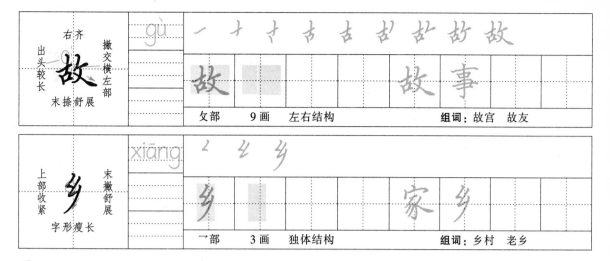

| 右齐 出头较长 末捺舒展 | 故 | gù | 一 十 古 古 古 甘 甘 故 |
| 撇交横左部 | | | |

故   故事

攵部　9画　左右结构　　　组词：故宫　故友

| 上部收紧 字形瘦长 | 乡 | xiāng | ⺈ 乡 乡 |
| 末撇舒展 | | | |

乡   家乡

丿部　3画　独体结构　　　组词：乡村　老乡

 词语积累

yuè guāng	dì shàng	dī tóu	gù xiāng
月光	地上	低头	故乡

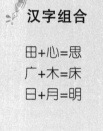

汉字组合

田+心=思
广+木=床
日+月=明

 诗词读写

静夜思

〔唐〕李　白

chuáng	qián	míng	yuè	guāng	yí	shì	dì	shàng	shuāng
（	）	明	月	（	，）	疑	是	地	上	霜

jǔ	tóu	wàng	míng	yuè	dī	tóu	sī	gù	xiāng
举	头	望	明	月	，低	头	思	故	乡

 字词听写

guāng	sī	gù xiāng	dī tóu	mù chuáng	qián fāng

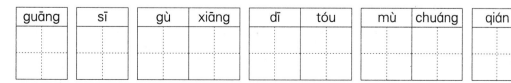 来打分吧

 扫码听写

9 夜 色

我会认

dǎn	gǎn	wǎng	wài	yǒng	chuāng	luàn	piān	sàn	yuán	xiàng	wēi
胆	敢	往	外	勇	窗	乱	偏	散	原	像	微

我会写

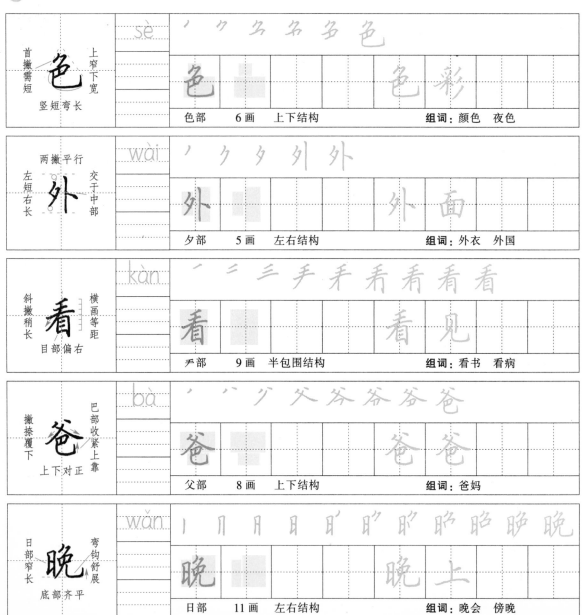

色	sè	ノ ク 夕 名 多 色
首撇需短　上窄下宽　竖短弯长		色 　　　　　　色 彩
		色部　6画　上下结构　　组词：颜色 夜色

外	wài	ノ ク 夕 外 外
两撇平行　左短右长　交于中部		外 　　　　　　外 面
		夕部　5画　左右结构　　组词：外衣 外国

看	kàn	一 二 三 手 手 看 看 看 看
斜撇稍长　横画等距　目部偏右		看 　　　　　　看 见
		尹部　9画　半包围结构　　组词：看书 看病

爸	bà	ノ ハ ゲ 父 谷 谷 爸 爸
撇捺覆下　巴部收紧上靠　上下对正		爸 　　　　　　爸 爸
		父部　8画　上下结构　　组词：爸妈

晚	wǎn	丨 刀 月 日 旷 旷 昭 昭 晬 晚
日部窄长　弯钩舒展　底部齐平		晚 　　　　　　晚 上
		日部　11画　左右结构　　组词：晚会 傍晚

来打分吧

扫码听写

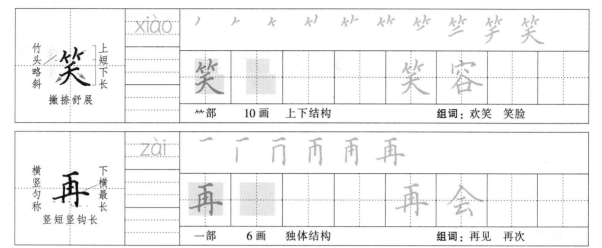

		xiào	ノ ト ト メ メ メ メ メ メ メ メ 笑
竹头略斜 笑 上短下长 撇捺舒展			笑 笑容
		⺮部　10画　上下结构	组词：欢笑　笑脸

		zài	一 ㄏ ㄇ 丙 再 再
横竖匀称 再 下横最长 竖短竖钩长			再 再会
		一部　6画　独体结构	组词：再见　再次

字词听写

xiào	sè	bà ba	zài jiàn	kàn shū	wǎn huì

10　端午粽

笔顺动画

我会认

duān zòng jié zǒng mǐ jiān fēn dòu ròu dài zhī jù niàn
端粽节总米间分豆肉带知据念

我会写

		wǔ	ノ 一 二 午
竖交横偏右处 午 横长靠上 中竖直挺			午 上午
		ノ部　4画　独体结构	组词：中午　午饭

		jié	一 十 艹 节 节
草头盖下 节 距离一样 竖画直挺			节 节日
		⺿部　5画　上下结构	组词：季节　节约

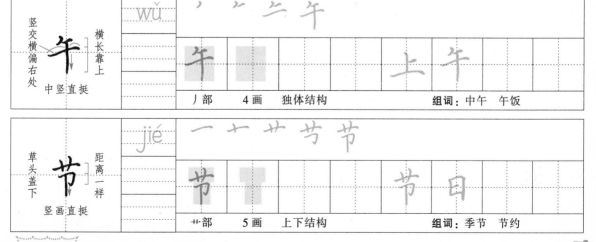

来打分吧

	yè	㇒ 丨 口 口 叶						
口小偏上 叶 横短竖长 横交竖中上部	叶 □			树 叶				
	口部　5画　左右结构				组词：枝叶　叶子			

	mǐ	丶 ㇒ ㇒ 半 米 米						
点低撇高 米 竖居中线 撇捺舒展	米 ●			大 米				
	米部　6画　独体结构				组词：稻米　米粒			

	zhēn	一 十 广 古 古 肖 肖 直 直 真						
十部较小 多横等距 真 底横最长 末点下压	真			真 正				
	十部　10画　上下结构				组词：真心　当真			

	fēn	㇒ 八 分 分						
撇短捺长 分 上宽盖下 斜向平行	分 □			分 开				
	八部　4画　上下结构				组词：分别　区分			

	dòu	一 丆 古 古 百 豆 豆						
首横需短 豆 距离一样 末横最长	豆			土 豆				
	豆部　7画　上下结构				组词：豆角　大豆			

词语积累

huā	yàng
花	样

jì	niàn
纪	念

形近字
分 fēn 区分
份 fèn 一份

词语听写

yè	zi

mǐ	fàn

zhēn	xīn

dà	dòu

zhōng	wǔ

扫码听写

来打分吧

村居

草长莺飞二月天

拂堤杨柳醉春烟

儿童散学归来早

忙趁东风放纸鸢

清高鼎诗　田英章书

春晓

春眠不觉晓

处处闻啼鸟

夜来风雨声

花落知多少

唐孟浩然诗 田英章书

所见

牧童骑黄牛

歌声振林樾

意欲捕鸣蝉

忽然闭口立

清袁枚诗 田英章书

泉眼无声惜细流

树荫照水爱晴柔

小荷才露尖尖角

早有蜻蜓立上头

宋杨万里诗小池 田英章书

黄河远上白云间

一片孤城万仞山

羌笛何须怨杨柳

春风不度玉门关

唐王之涣诗凉州词 田英章书

锄禾日当午，汗滴禾下土。谁知盘中餐，粒粒皆辛苦。

春种一粒粟，秋收万颗子。四海无闲田，农夫犹饿死。

唐李绅诗两首 田英章书

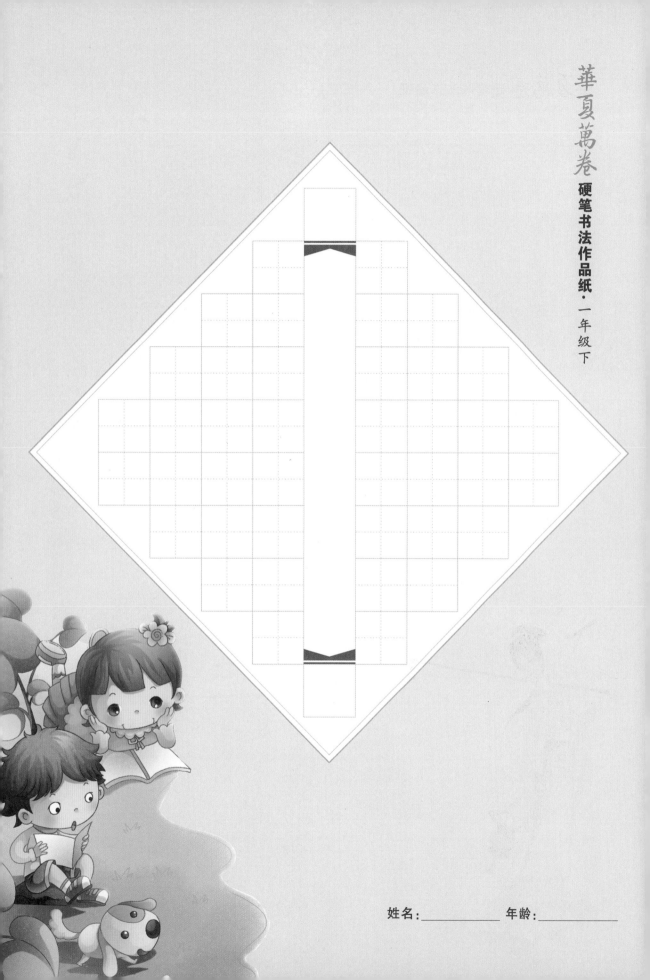

姓名:＿＿＿＿＿＿　年龄:＿＿＿＿＿＿

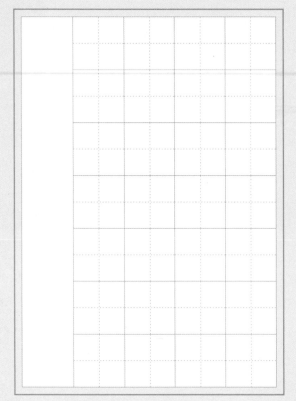

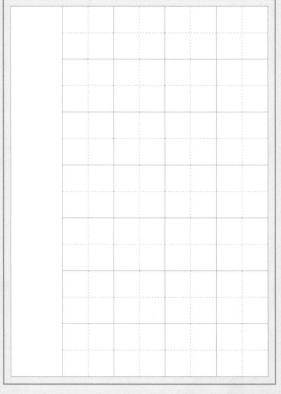

姓名：_____ 年龄：_____

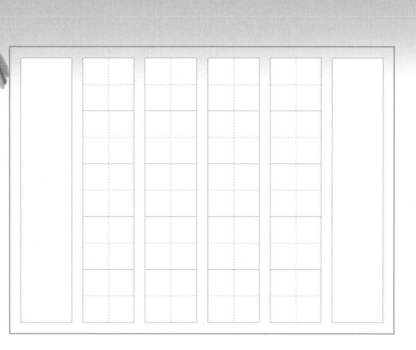

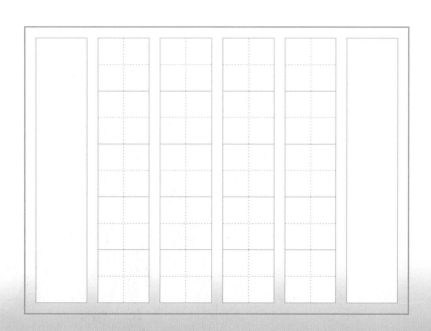

姓名：_____ 年龄：_____

姓名：＿＿＿＿＿＿＿

年龄：＿＿＿＿＿＿＿

11 彩 虹

 笔顺动画

 我会认

hóng	zuò	jiāo	tí	sǎ	tiāo	xìng	jìng	ná	zhào	qiān	qún
虹	座	浇	提	洒	挑	兴	镜	拿	照	千	裙

 我会写

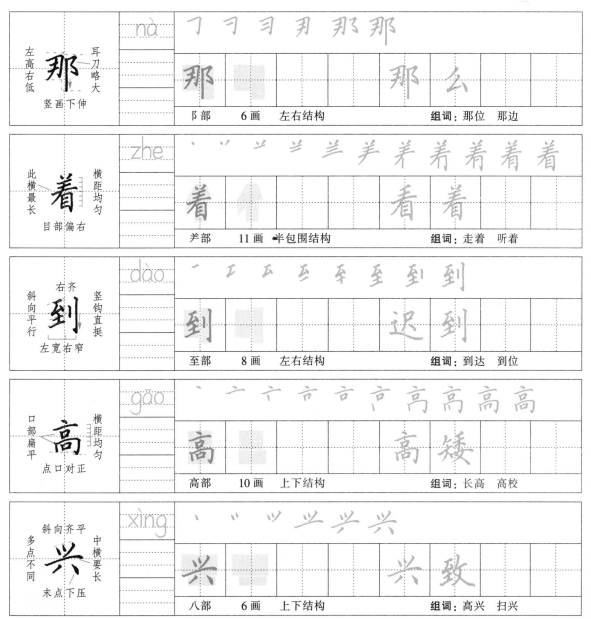

那	nà	耳刀略大	左高右低	竖画下伸	乛 𡧨 ヲ 尹 那 那	那	那么	阝部 6画 左右结构 组词：那位 那边
着	zhe	此横最长	横距均匀	目部偏右	丷 丷 兰 兰 羊 羊 着 着 着	着	看着	羊部 11画 半包围结构 组词：走着 听着
到	dào	右齐	斜向平行	竖钩直挺	左宽右窄	一 厶 互 至 至 到 到	到	迟到	至部 8画 左右结构 组词：到达 到位
高	gāo	口部扁平	横距均匀	点口对正	丶 亠 六 古 古 卣 高 高 高	高	高矮	高部 10画 上下结构 组词：长高 高校
兴	xìng	斜向齐平	多点不同	中横要长	末点下压	丶 丷 丷 兴 兴 兴	兴	兴致	八部 6画 上下结构 组词：高兴 扫兴

首撇短平 撇短横长 竖直居中	qiān 	一 二 千				
		千			秋 千	
	ノ部　　3画　　独体结构				组词：千万　千年	

点画外靠 横斜撇收 斜钩伸展	chéng	一 厂 厅 成 成 成				
		成			成 功	
	戈部　　6画　　半包围结构				组词：成长　成为	

词语听写

gāo	xìng

qiān	wàn

chéng	zhǎng

nà	me

tīng	zhe

语文园地四

我会认

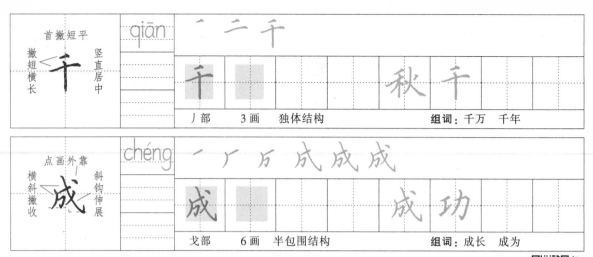

méi bí zuǐ bó bì dù tuǐ jiǎo
眉 鼻 嘴 脖 臂 肚 腿 脚

一、将下面的生字规范地写在田字格里。

床	低	色	爸	分	到	兴	成

二、填一填，背一背。

寻隐者不遇

〔唐〕贾　岛

sōng	xià	wèn	tóng	zǐ	yán	shī	cǎi	yào	qù
松	问	童	子	言	师	采	药		

zhǐ	zài	cǐ	shān	zhōng	yún	shēn	bù	zhī	chù
	在	此	山	中	云	深	不	知	处

来打分吧

书法课堂五

教学视频

钩　画

笔画讲练

【写法】

1.长度
竖写长,钩写短

2.角度
夹角呈45°

3.速度
慢—慢—快

4.弧度
竖、钩都写直

范字训练

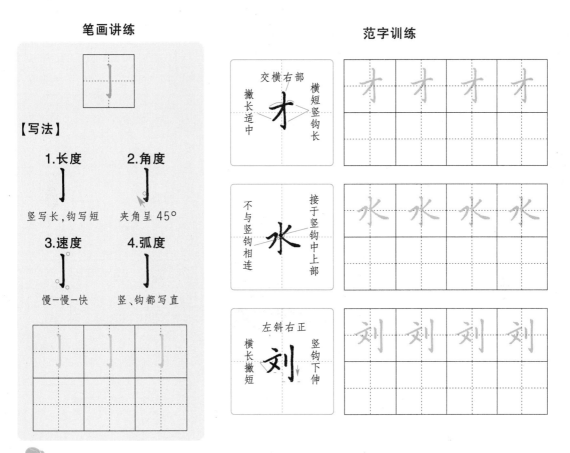

交横右部
撇长适中
才
横短竖钩长

不与竖钩相连
水
接于竖钩中上部

左斜右正
横长撇短
刘
竖钩下伸

钩画的七十二变

横　钩
横长钩短、向左下出钩

竖　钩
竖长钩短、向左上出钩

弯　钩
略带弧度、向左上出钩

练一练

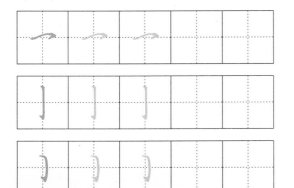

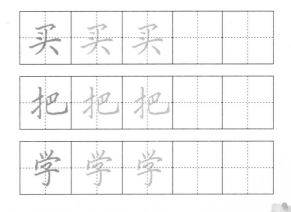

来打分吧

识 字　　　　　5　动物儿歌

笔顺动画

我会认

qīng	tíng	mí	cáng	zào	mǎ	yǐ	shí	liáng	zhī	zhū	wǎng
蜻	蜓	迷	藏	造	蚂	蚁	食	粮	蜘	蛛	网

我会写

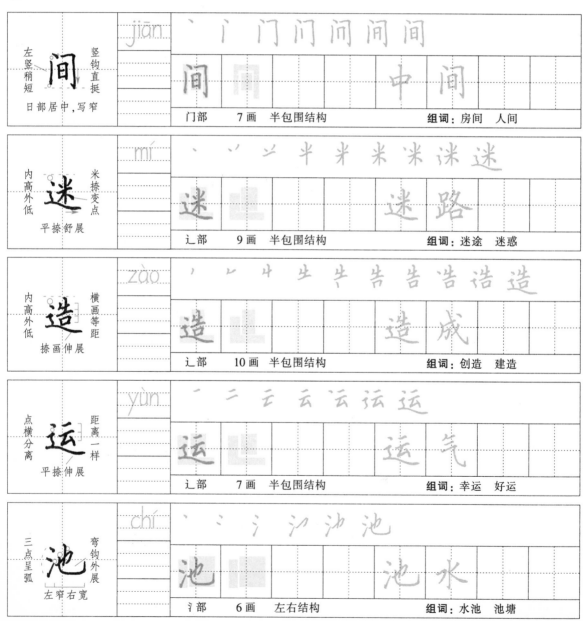

	jiān	、 丷 门 门 问 间 间			
左竖稍短　竖钩直挺　日部居中,写窄 间	间		中 间		
	门部　　7画　　半包围结构		组词:房间　人间		

	mí	、 丷 丷 半 米 米 迷 迷			
内高外低　米捺变点　平捺舒展 迷	迷		迷 路		
	辶部　　9画　　半包围结构		组词:迷途　迷惑		

	zào	丷 丷 屮 生 生 告 告 浩 造			
内高外低　横画等距　捺画伸展 造	造		造 成		
	辶部　　10画　　半包围结构		组词:创造　建造		

	yùn	、 一 二 云 云 运 运			
点横分离　距离一样　平捺伸展 运	运		运 气		
	辶部　　7画　　半包围结构		组词:幸运　好运		

	chí	、 丶 氵 汁 池 池			
三点呈弧　弯钩外展　左窄右宽 池	池		池 水		
	氵部　　6画　　左右结构		组词:水池　池塘		

来打分吧

笔画不打架 左小右大 两撇对正	huān 欢	フ　ヌ　ヌ　ヌ　ヌ　ヌ					欢 乐
		欢					
		又部　6画　左右结构				组词：欢呼　欢笑	

内部紧凑靠上 外形扁方 右竖稍长	wǎng 网	丨　冂　冂　冈　网　网					网 球
		网					
		冂部　6画　半包围结构				组词：网友　渔网	

 字词听写

扫码听写

zào	mí	wǎng	yǒu	hǎo	yùn	huān	hū	shuǐ	chí

6　古对今

笔顺动画

 我会认

yuán	yán	hán	kù	shǔ	liáng	chén	xì	zhāo	xiá	xī	yáng
圆	严	寒	酷	暑	凉	晨	细	朝	霞	夕	杨

 我会写

左倾，出头较多 竖交横中部 口部扁平	gǔ 古	一　十　十　古　古					古 代
		古					
		十部　5画　上下结构				组词：古诗　古文	

形小偏上 口部扁小 点钩直对	liáng 凉	丶　冫　冫　广　冷　冷　凉　凉					凉 爽
		凉					
		冫部　10画　左右结构				组词：凉快　凉风	

来打分吧

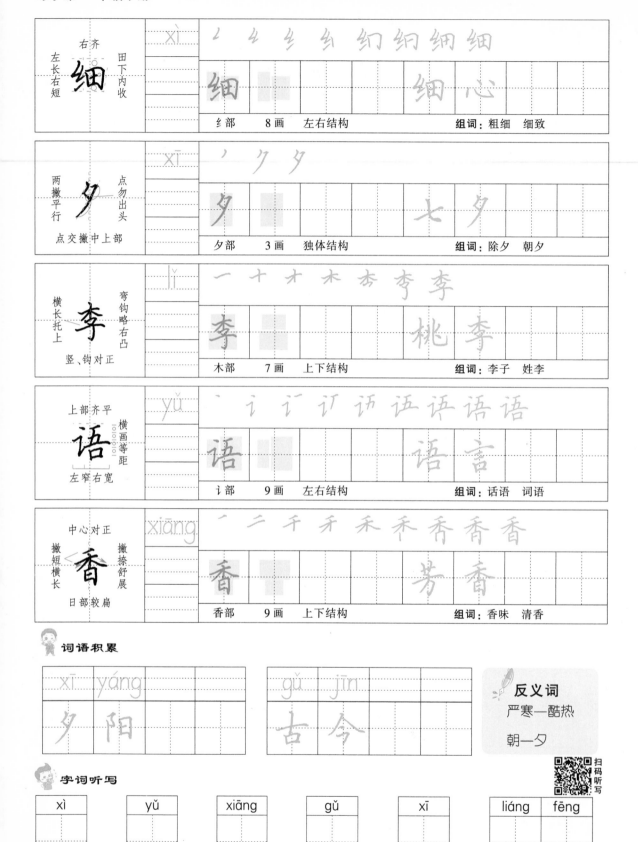

右齐 左长右短 田下内收	细	xì ㄥ ㄠ ㄠ 幻 纲 细 细	细 心
纟部 8画 左右结构		组词：粗细 细致	
两撇平行 点勿出头 点交撇中上部	夕	xī ノ ク 夕	七 夕
夕部 3画 独体结构		组词：除夕 朝夕	
横长托上 弯钩略右凸 竖、钩对正	李	lǐ 一 十 オ 木 杏 李 李	桃 李
木部 7画 上下结构		组词：李子 姓李	
上部齐平 横画等距 左窄右宽	语	yǔ 丶 讠 订 语 语 语 语	语 言
讠部 9画 左右结构		组词：话语 词语	
中心对正 撇短横长 撇捺舒展 日部较扁	香	xiāng 一 二 千 千 禾 禾 香 香 香	芳 香
香部 9画 上下结构		组词：香味 清香	

词语积累

xī yáng	gǔ jīn
夕 阳	古 今

反义词

严寒—酷热

朝一夕

字词听写

xì	yǔ	xiāng	gǔ	xī	liáng	fēng

来打分吧

笔顺动画

7 操场上

我会认

cāo	chǎng	bá	pāi	pǎo	tī	líng	rè	nào	duàn	liàn	tǐ
操	场	拔	拍	跑	踢	铃	热	闹	锻	炼	体

我会写

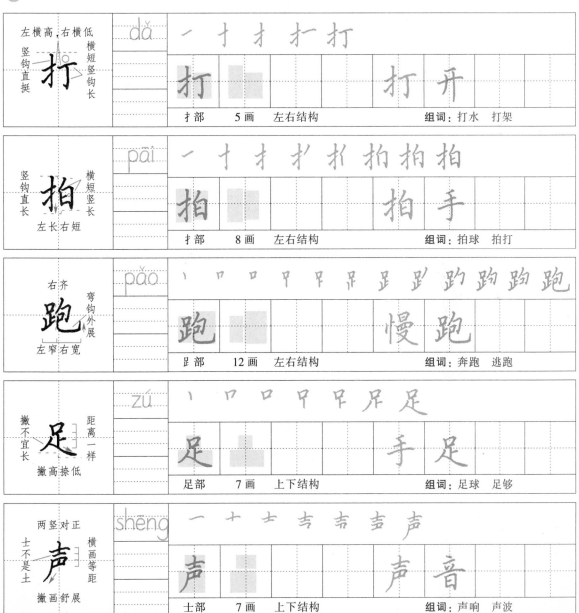

左横高 右横低 横短竖钩长 竖钩直挺 **打**	dǎ 一 十 才 扩 打 打	打 开
	扌部 5画 左右结构	组词：打水 打架
竖钩直长 横短竖长 左长右短 **拍**	pāi 一 十 才 扩 扚 拍 拍 拍	拍 手
	扌部 8画 左右结构	组词：拍球 拍打
右齐 弯钩外展 左窄右宽 **跑**	pǎo 丶 口 口 口 早 早 足 足 趵 趵 跑 跑	慢 跑
	足部 12画 左右结构	组词：奔跑 逃跑
撇不宜长 距离一样 撇高捺低 **足**	zú 丶 口 口 口 早 早 足	手 足
	足部 7画 上下结构	组词：足球 足够
两竖对正 横画等距 士不是土 撇画舒展 **声**	shēng 一 十 士 吉 吉 吉 声	声 音
	士部 7画 上下结构	组词：声响 声波

来打分吧

	shēn	ノ イ 竹 竹 自 身 身			
横不出头 此横最长 撇要出头 竖钩直挺 身		身		身 体	
		身部 7画 独体结构		组词：身份 全身	

	tǐ	ノ イ 仁 什 休 休 体			
横画左斜 撇收捺放 体 左窄右宽		体		体 育	
		亻部 7画 左右结构		组词：体重 体温	

 字词听写

 扫码听写

shēng	pǎo	zú	shēn	tǐ	dǎ	kāi	pāi	dǎ

8　人之初

 笔顺动画

我会认

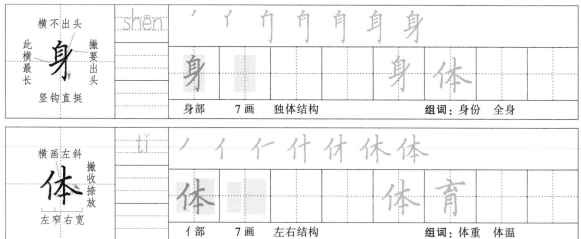

zhī chū xìng shàn xí jiào qiān guì zhuān yòu yù qì yì
之 初 性 善 习 教 迁 贵 专 幼 玉 器 义

我会写

	zhī	、 ㇀ 之			
点居中线 捺画左伸 横撇收紧 之		之		之 后	
		、部 3画 独体结构		组词：之初 之前	

	xiāng	一 十 才 木 机 机 相 相 相			
捺变为点 横画等距 相 左右笔画斜齐		相		相 似	
		木部 9画 左右结构		组词：相同 相反	

来打分吧

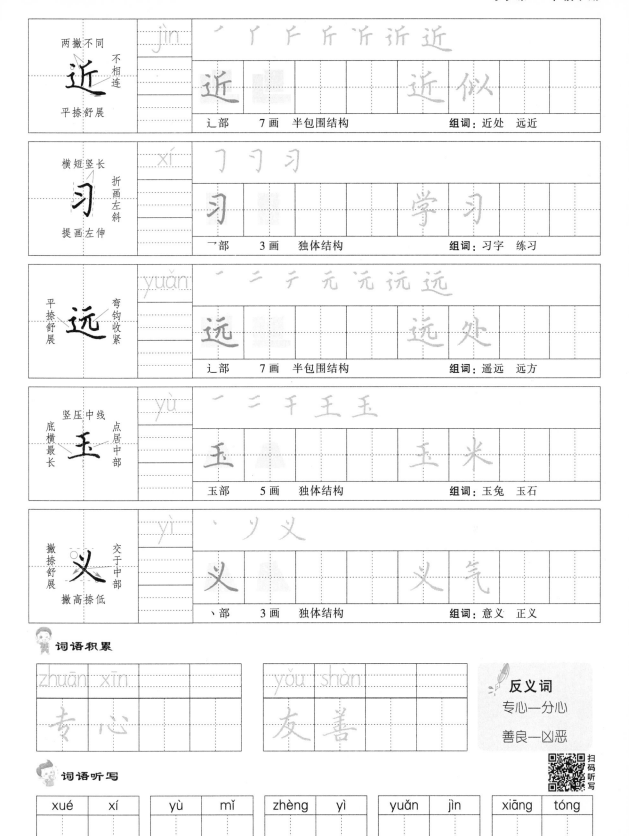

			两撇不同 不相连 平捺舒展	jìn	ノ ｢ ｢ ｢ 斤 斤 近 近						近	似
近			辶部 7画 半包围结构							组词：近处 远近		
			横短竖长 折画左斜 提画左伸	xí	｢ ｢ 习						学	习
习			一部 3画 独体结构							组词：习字 练习		
			平捺舒展 弯钩收紧	yuǎn	一 二 于 元 元 远 远						远	处
远			辶部 7画 半包围结构							组词：遥远 远方		
			竖压中线 底横最长 点居中部	yù	一 二 于 王 玉						玉	米
玉			玉部 5画 独体结构							组词：玉兔 玉石		
			撇捺舒展 交于中部 撇高捺低	yì	丶 丿 义						义	气
义			丶部 3画 独体结构							组词：意义 正义		

词语积累

zhuān	xīn			yǒu	shàn		
专	心			友	善		

反义词

专心—分心

善良—凶恶

扫码听写

词语听写

xué	xí		yù	mǐ		zhèng	yì		yuǎn	jìn		xiāng	tóng

来打分吧

语文园地五

 我会认

fàn néng bǎo chá pào qīng biān pào
饭 能 饱 茶 泡 轻 鞭 炮

一、将下面的生字规范地写在田字格里。

| 间 | 池 | 夕 | 香 | 跑 | 体 | 近 | 玉 |

二、写出带有下列部首的字,并组词。

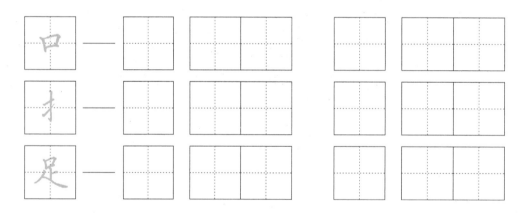

口 —

才 —

足 —

三、照样子,补充歇后语。

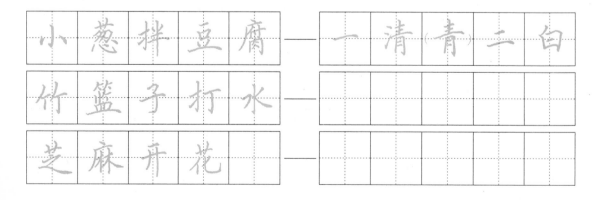

小葱拌豆腐 —— 一清(青)二白

竹篮子打水 ——

芝麻开花 ——

来打分吧

书法课堂六

特殊笔顺规则：两面包围和三面包围的字

一、两面包围的字

找规律

> **规律**：书写左上包围和右上包围的字时，要先写外边的字框，再写里面被包围的部件；书写左下包围的字时，要先写被包围的部件，再写外边的字框。

照样子,写笔顺。

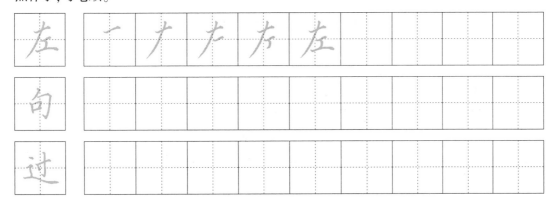

二、三面包围的字

找规律

> **规律**：书写缺口朝上的字时，要先写内部的部件，再写外边的字框；书写缺口朝下的字时，要先写外部的字框，再写内部的部件；书写缺口朝右的字时，要先写上部的部件，再写内部的部件，最后写左下的部件。

照样子,写笔顺。

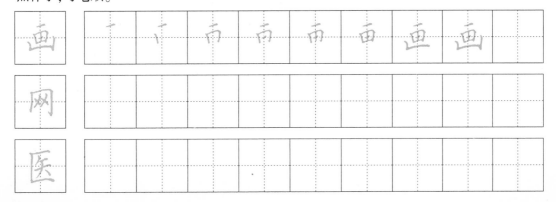

来打分吧

课　文　　　　　　　12　古诗二首

笔顺动画

 我会认

shǒu zōng jì fú píng quán liú ài róu hé lù jiǎo
首 踪 迹 浮 萍 泉 流 爱 柔 荷 露 角

 我会写

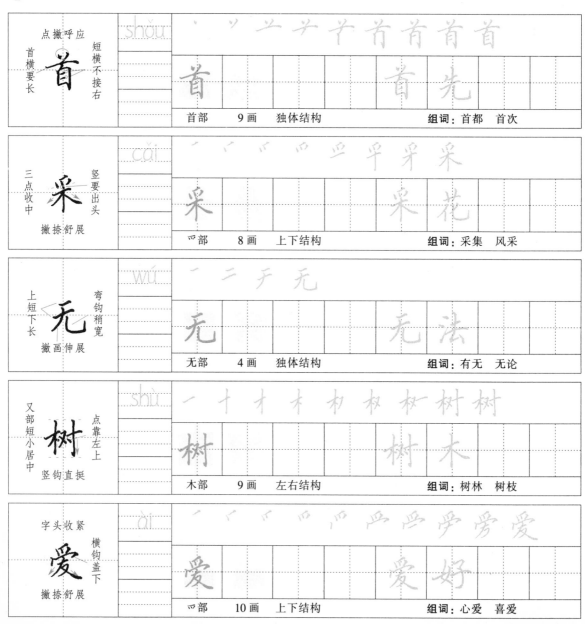

| 点撇呼应 首横要长 | 短横不接右 | **首** shǒu | 丶 丷 艹 兴 兯 苩 首 首 首 | 首先 |
| 首部 | 9画 | 独体结构 | | 组词：首都　首次 |

| 三点收中 撇捺舒展 | 竖要出头 | **采** cǎi | 丶 丆 丌 四 平 采 采 | 采花 |
| 爫部 | 8画 | 上下结构 | | 组词：采集　风采 |

| 上短下长 撇画伸展 | 弯钩稍宽 | **无** wú | 一 二 尸 无 | 无法 |
| 无部 | 4画 | 独体结构 | | 组词：有无　无论 |

| 又部短小居中 竖钩直挺 | 点靠左上 | **树** shù | 一 十 才 木 村 权 杈 树 树 | 树木 |
| 木部 | 9画 | 左右结构 | | 组词：树林　树枝 |

| 字头收紧 撇捺舒展 | 横钩盖下 | **爱** ài | 一 丷 四 四 严 严 罗 罗 爱 | 爱好 |
| 爫部 | 10画 | 上下结构 | | 组词：心爱　喜爱 |

来打分吧

两点左低右高 上窄 下宽 **尖** 撇捺伸展 上下对正	jiān	丨 亅 小 少 尖 尖
	尖	尖 叫
小部 6画 上下结构		组词：顶尖 尖锐

两撇平行 **角** 竖居中线 横距均匀	jiǎo	⺈ ⺈ ⺈ 角 角 角 角
	角	角 落
角部 7画 上下结构		组词：角度 牛角

诗词读写

池 上

〔唐〕白居易

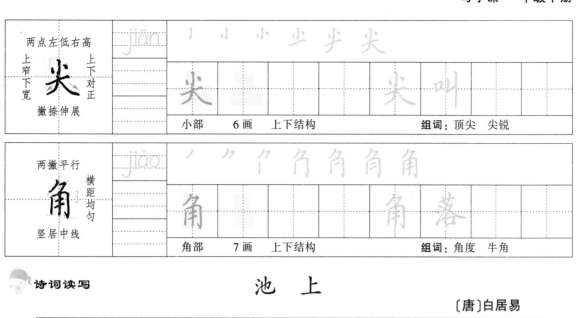

xiǎo	wá	chēng	xiǎo	tǐng	tōu	cǎi	bái	lián	huí
小	娃	撑	小	艇	偷	采	白	莲	回

bù	jiě	cáng	zōng	jì	fú	píng	yí	dào	kāi
不	解	藏	踪	迹	浮	萍	一	道	开

小 池

〔宋〕杨万里

		quán	yǎn	wú	shēng	xī	xì	liú	shù
		泉	眼		声	惜	细	流	

yīn	zhào	shuǐ	ài	qíng	róu	xiǎo	hé	cái	lù
荫	照	水		晴	柔	小	荷	才	露

jiān	jiān	jiǎo	zǎo	yǒu	qīng	tíng	lì	shàng	tóu
			早	有	蜻	蜓	立	上	头

字词听写

jiǎo	cǎi		yì	shǒu		shù	mù		xīn	ài		yǒu	wú

 来打分吧

13 荷叶圆圆

笔顺动画

 我会认

zhū	yáo	tǎng	jīng	tíng	jī	zhǎn	tòu	chì	bǎng	chàng	duǒ
珠	摇	躺	晶	停	机	展	透	翅	膀	唱	朵

 我会写

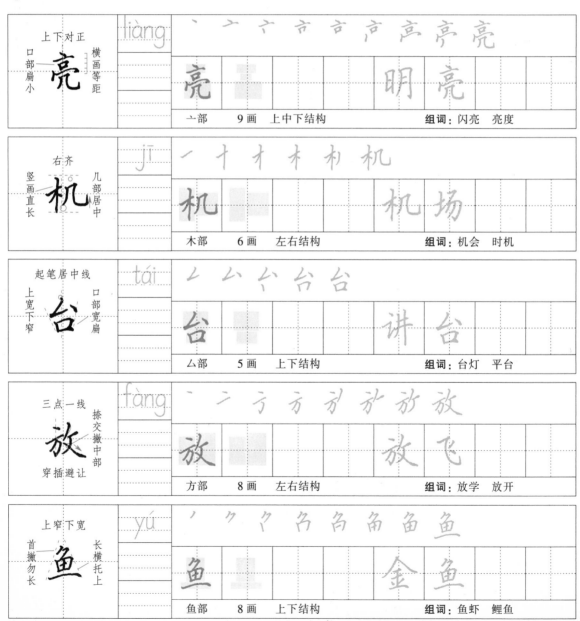

	liàng	、 一 亠 亠 古 序 亭 亮 亮		
上下对正 横画等距 口部扁小 亮		亮	明 亮	
		亠部 9画 上中下结构	组词：闪亮 亮度	

	jī	一 十 才 木 机 机		
右齐 几部居中 竖画直长 机		机	机 场	
		木部 6画 左右结构	组词：机会 时机	

	tái	厶 厶 台 台 台		
起笔居中线 上宽下窄 口部宽扁 台		台	讲 台	
		厶部 5画 上下结构	组词：台灯 平台	

	fàng	、 亠 方 方 方 放 放		
三点一线 捺交撇中部 放 穿插避让		放	放 飞	
		方部 8画 左右结构	组词：放学 放开	

	yú	ノ ク 勺 勺 甬 鱼 鱼 鱼		
上窄下宽 首撇勿长 长横托上 鱼		鱼	金 鱼	
		鱼部 8画 上下结构	组词：鱼虾 鲤鱼	

来打分吧

duǒ	） 几 几 朵 朵 朵							
朵						花	朵	

横长托上　撇捺舒展　不出钩

| 几部 | 6画 | 上下结构 | 组词：朵朵　云朵 |

měi	、 ⸍ ⸍⸍ ⸌ ⸜ 兰 美 美							
美						美	丽	

上部较窄　横画均匀　此横最长

| 羊部 | 9画 | 上下结构 | 组词：美好　优美 |

 词语听写

扫码听写

fàng	xué		xiǎo	yú		yún	duǒ		měi	hǎo		jī	huì

14　要下雨了

笔顺动画

 我会认

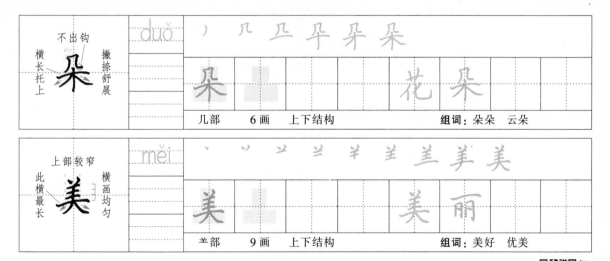

yāo	pō	chén	shēn	cháo	shī	ne	kòng	mēn	xiāo	xī	bān	xiǎng

腰 坡 沉 伸 潮 湿 呢 空 闷 消 息 搬 响

 我会写

zhí	一 十 广 方 古 百 直 直							
直						直	接	

横画等距　底横托上　字呈三角

| 十部 | 8画 | 上下结构 | 组词：简直　直立 |

ya	丶 ⼝ ⼝ ⼝ 呀 呀 呀							
呀						哎	呀	

口小偏上　上短下长　竖钩直挺

| 口部 | 7画 | 左右结构 | 组词：啊呀 |

来打分吧

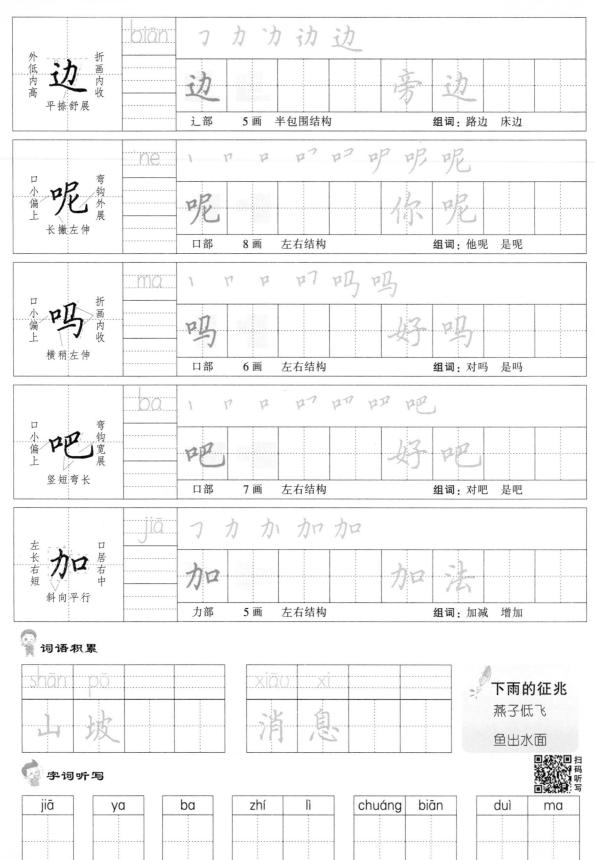

		biān	フ 力 功 边 边				
外低内高 边 折画内收 平捺舒展		边				旁 边	
		辶部　　5画　　半包围结构			组词：路边　床边		

		ne	丨 口 口 口 叮 呢 呢				
口小偏上 呢 弯钩外展 长撇左伸		呢				你 呢	
		口部　　8画　　左右结构			组词：他呢　是呢		

		ma	丨 口 口 叮 吗 吗				
口小偏上 吗 折画内收 横稍左伸		吗				好 吗	
		口部　　6画　　左右结构			组词：对吗　是吗		

		ba	丨 口 口 叮 吅 吧				
口小偏上 吧 弯钩宽展 竖短弯长		吧				好 吧	
		口部　　7画　　左右结构			组词：对吧　是吧		

		jiā	フ 力 加 加 加				
左长右短 加 口居右中 斜向平行		加				加 法	
		力部　　5画　　左右结构			组词：加减　增加		

词语积累

shān	pō			xiāo	xi	
山	坡			消	息	

下雨的征兆

燕子低飞

鱼出水面

字词听写

jiā		ya		ba		zhí	lì		chuáng	biān		duì	ma

来打分吧

语文园地六

 我会认

gùn tāng shàn yǐ yíng qiān zhī dǒu
棍 汤 扇 椅 萤 牵 织 斗

一、将下面的生字规范地写在田字格里。

首	无	爱	尖	机	美	边	加

二、比一比,再组词。

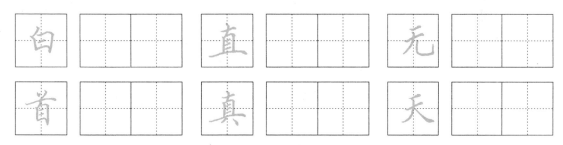

白
首

直
真

无
天

三、选一选,填一填。

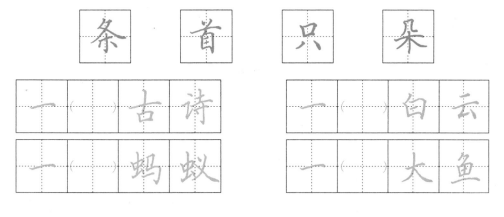

条　首　只　朵

一（　　）古诗

一（　　）蚂蚁

一（　　）白云

一（　　）大鱼

四、将下面的谚语规范地写在田字格里。

　　朝霞不出门,晚霞行千里。

书法课堂七

教学视频

汉字的字形：长方形、扁方形、菱形

长方形

月 用

看字形

右不接竖
两横靠上
撇高钩低

字形特点：呈长方形的字在书写时多为横短竖长。竖画劲挺，整个字才有精神。

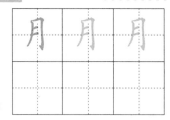

两横靠上
用
竖钩最低

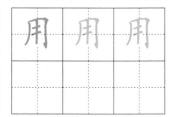

扁方形

四 回

看字形

下部内收
四
不带钩

字形特点：扁方形的字整体较扁，在书写时多为横长竖短，四角分明，重心平稳。

两竖内收
回
整体扁方
内外不粘连

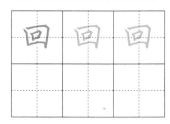

菱形

今 个

看字形

撇捺盖下
今
注意间距
横折勿宽

字形特点：菱形的字有明显的中轴线和中横线，笔画左右伸展，上下出头，四方笔画要书写到位。

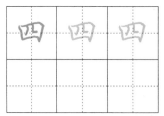

撇捺伸展
个
竖画上靠

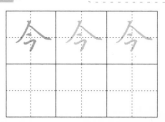

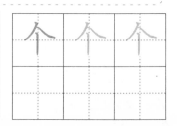

来打分吧

15 文具的家

 我会认

jù	cì	diū	nǎ	xīn	měi	píng	tā	xiē	zǐ	jiǎn	chá	suǒ
具	次	丢	哪	新	每	平	她	些	仔	检	查	所

 我会写

点叉对正 文 撇捺舒展 底部齐平	wén	丶 一 ナ 文	文 　 文具
		文部　4画　独体结构	组词：文字　语文
撇头对正 次 横钩勿大 交点靠上	cì	丶 冫 讠 冫 冯 次	次 　 次数
		冫部　6画　左右结构	组词：次序　次要
点画外靠 左小右大 找 斜钩伸展	zhǎo	一 十 扌 扑 找 找	找 　 找到
		扌部　7画　左右结构	组词：寻找　查找
上短下稍长 平 点低撇高 末竖悬针	píng	一 二 丂 平 平	平 　 平安
		干部　5画　独体结构	组词：平常　平时
撇、折平行 办 两点外展 折钩内收	bàn	フ 力 办 办	办 　 办法
		力部　4画　独体结构	组词：办公　办理

来打分吧

55

右齐 点折对正 **让** 左窄右宽	短横交竖中部	ràng	讠 讠 讠 讠 让					礼 让
		让						
		讠部　5画　左右结构					组词：让开　让路	

上窄下宽 首撇勿长 **包** 弯钩外展		bāo	丿 勹 勹 匀 包					书 包
		包						
		勹部　5画　半包围结构					组词：钱包　包子	

 字词听写

píng	wén	zhǎo	ràng	kāi	bāo	zi	yí	cì

16　一分钟

笔顺动画

我会认

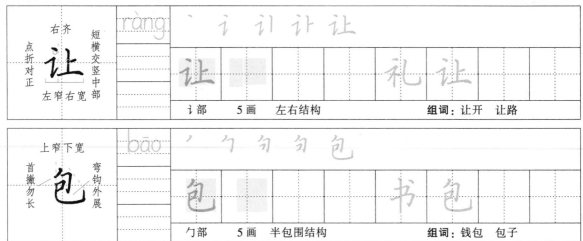

zhōng yuán chí xǐ bēi gāng tàn gòng qì jué dìng yǐ jīng
钟 元 迟 洗 背 刚 叹 共 汽 决 定 已 经

我会写

右齐 上短下长 **钟** 长竖挺直		zhōng	丿 卜 仨 钅 钅 钔 钔 钟					钟 表
		钟						
		钅部　9画　左右结构					组词：时钟　分钟	

横有长短 上短下长 **元** 竖弯钩舒展		yuán	二 二 亍 元					元 旦
		元						
		一部　4画　上下结构					组词：单元　元首	

来打分吧

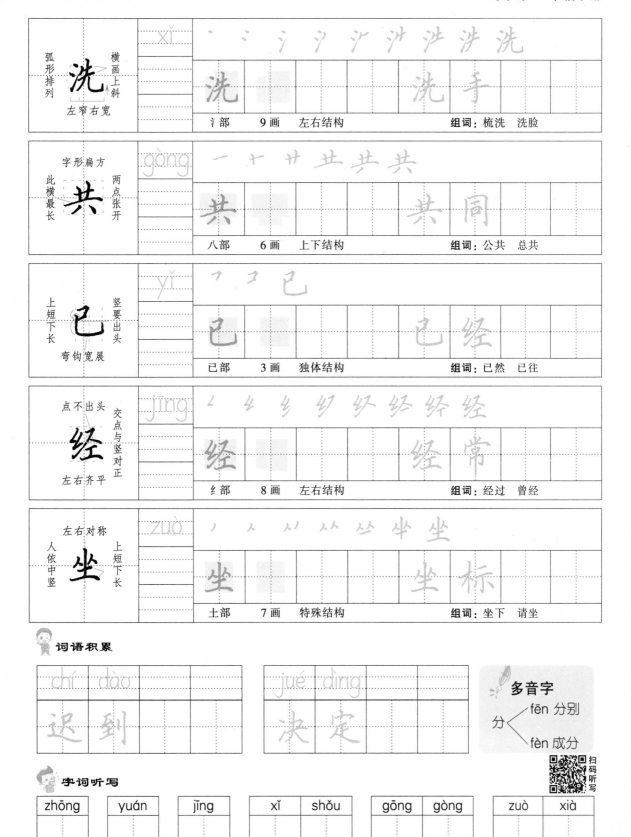

	xǐ	フ フ シ シ シ シ シ シ シ				
弧形排列 横画上斜 洗 左窄右宽		洗			洗 手	
		氵部	9画	左右结构		组词：梳洗　洗脸

	gòng	一 十 卅 共 共 共				
字形扁方 此横最长 共 两点张开		共			共 同	
		八部	6画	上下结构		组词：公共　总共

	yǐ	フ 戸 已				
上短下长 已 竖要出头 弯钩宽展		已			已 经	
		已部	3画	独体结构		组词：已然　已往

	jīng	乡 乡 乡 乡 经 经 经 经				
点不出头 经 交点与竖对正 左右齐平		经			经 常	
		纟部	8画	左右结构		组词：经过　曾经

	zuò	ノ 人 从 从 坐 坐 坐				
左右对称 人依中竖 坐 上短下长		坐			坐 标	
		土部	7画	特殊结构		组词：坐下　请坐

词语积累

chí	dào					jué	dìng			
迟	到					决	定			

多音字

分 — fēn 分别 / fèn 成分

字词听写

zhōng		yuán		jīng		xǐ	shǒu		gōng	gòng		zuò	xià	

来打分吧

笔顺动画

17　动物王国开大会

 我会认

wù	hǔ	xióng	tōng	zhù	yì	biàn	bǎi	shé	guǐ	liǎn	zhǔn	dì
物	虎	熊	通	注	意	遍	百	舌	鬼	脸	准	第

 我会写

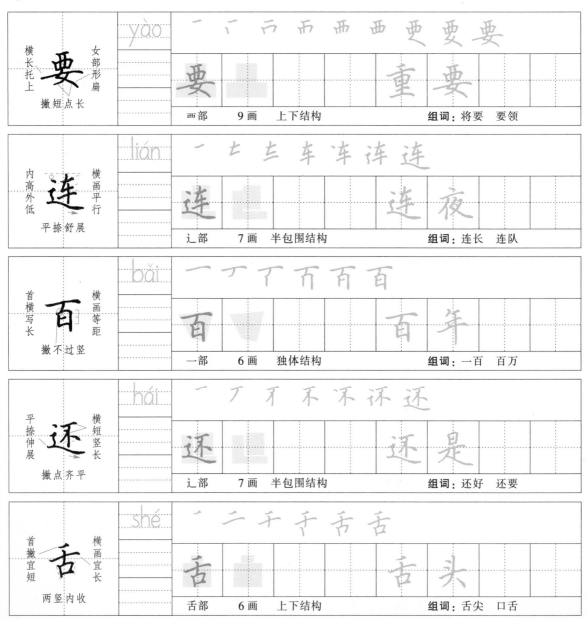

要　yào
横长托上　女部形扁　撇短点长
一　厂　厂　两　西　西　要　要　要
重要
西部　9画　上下结构　组词：将要　要领

连　lián
内高外低　横画平行　平捺舒展
一　七　左　车　连　连　连
连夜
辶部　7画　半包围结构　组词：连长　连队

百　bǎi
首横写长　横画等距　撇不过竖
一　丁　丁　万　百　百
百年
一部　6画　独体结构　组词：一百　百万

还　hái
平捺伸展　横短竖长　撇点齐平
一　丁　不　不　还　还
还是
辶部　7画　半包围结构　组词：还好　还要

舌　shé
首撇宜短　横画宜长　两竖内收
一　二　千　千　舌　舌
舌头
舌部　6画　上下结构　组词：舌尖　口舌

来打分吧

竖长横短 上窄下宽 四点均匀	diǎn 点	丶 卜 上 占 占 占 点 点 点
		点　　　　　　圆点
		灬部　9画　上下结构　　　　　组词：雨点　点子

词语听写

扫码听写

yì bǎi	lián zhǎng	hái hǎo	diǎn xīn	zhǔ yào

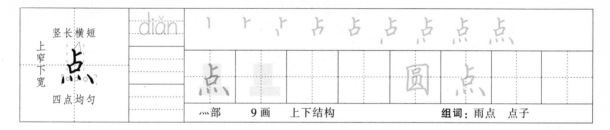

18　小猴子下山

笔顺动画

我会认

hóu	jiē	bāi	káng	mǎn	rēng	zhāi	pěng	guā	bào	bèng	zhuī
猴	结	掰	扛	满	扔	摘	捧	瓜	抱	蹦	追

我会写

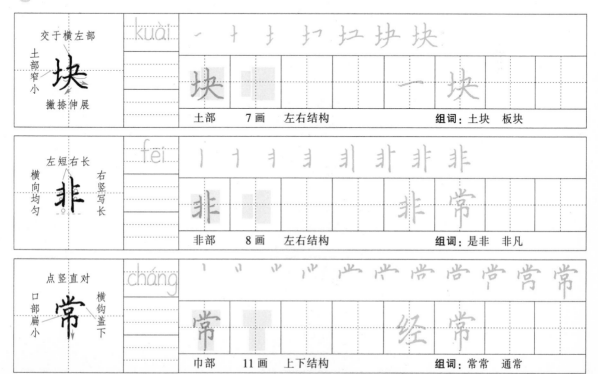

交于横左部 土部窄小 撇捺伸展	kuài 块	一 十 土 扫 扛 块 块
		块　　　　　　　一块
		土部　7画　左右结构　　　　　组词：土块　板块

左短右长 横向均匀 右竖写长	fēi 非	丨 丨 丨 丨 非 非 非
		非　　　　　　非常
		非部　8画　左右结构　　　　　组词：是非　非凡

点竖直对 口部扁小 横钩盖下	cháng 常	丷 丷 丷 丷 丷 常 常 常 常 常
		常　　　　　　经常
		巾部　11画　上下结构　　　　　组词：常常　通常

来打分吧

	wǎng	ノ ィ ィ ィ 行 行 往 往	
点竖对正 上短下长 三横等距 左窄右宽 往	往		往 年
	彳部　8画　左右结构		组词：往事　过往

	guā	一 厂 爪 瓜 瓜	
短撇宜平 撇捺舒展 竖提要正 瓜	瓜		西 瓜
	瓜部　5画　独体结构		组词：瓜果　冬瓜

	jìn	一 二 卡 井 讲 讲 进	
横竖均匀 外低内高 不相连 平捺伸展 进	进		进 口
	辶部　7画　半包围结构		组词：进入　走进

	kōng	` ′ ゥ ゥ 灾 灾 空 空	
点竖直对 八小工扁 横钩盖下 空	空		空 间
	穴部　8画　上下结构		组词：天空　星空

 词语积累

yù	mǐ
玉	米

gāo	xìng
高	兴

yòu	dà	yòu	hóng
又	大	又	红

AABB 词

时时刻刻

世世代代

简简单单

开开心心

 词语听写

dōng	guā

tiān	kōng

shì	fēi

jīng	cháng

jìn	rù

来打分吧

语文园地七

我会认

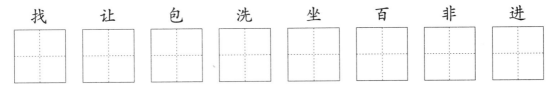

<table>
<tr><td>chǎo</td><td>pàng</td><td>suì</td><td>xiàn</td><td>piào</td><td>jiāo</td><td>gōng</td><td>gān</td></tr>
<tr><td>吵</td><td>胖</td><td>岁</td><td>现</td><td>票</td><td>交</td><td>弓</td><td>甘</td></tr>
</table>

一、将下面的生字规范地写在田字格里。

找	让	包	洗	坐	百	非	进

二、工工整整地写出下面的汉字的笔顺。

左

包

三、照样子,写词语。

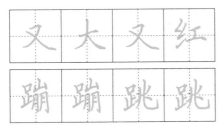

又大又红

蹦蹦跳跳

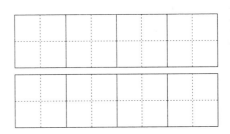

四、将下面的名人名言规范地写在田字格里。

敏而好学,不耻下问。

读万卷书,行万里路。

书法课堂八

教学视频

汉字的字形：圆形、梯形、三角形

圆 形

看字形

字形特点： 圆形的字并非要写得很圆，而应"八面势全"，圆周内的笔画从字心呈放射状向四周发散。

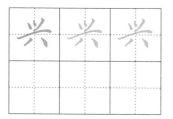

梯 形

看字形

字形特点： 正梯形的字上横短，下横长，且两横左右均匀，书写时要注意上下对正。斜梯形的字左侧多为竖画，右侧多为斜钩或斜捺，书写时应左收右放。

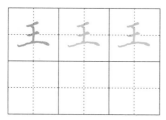

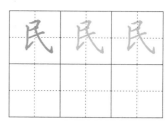

三角形

看字形

字形特点： 三角形的字或呈上尖下宽之势，或呈上宽下尖之势，要注意重心平稳。

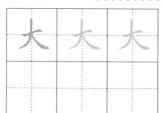

来打分吧

19 棉花姑娘

笔顺动画

我会认

mián	niáng	zhì	yàn	bié	gàn	rán	qí	kē	piáo	bì	tǔ	la
棉	娘	治	燕	别	干	然	奇	颗	飘	碧	吐	啦

我会写

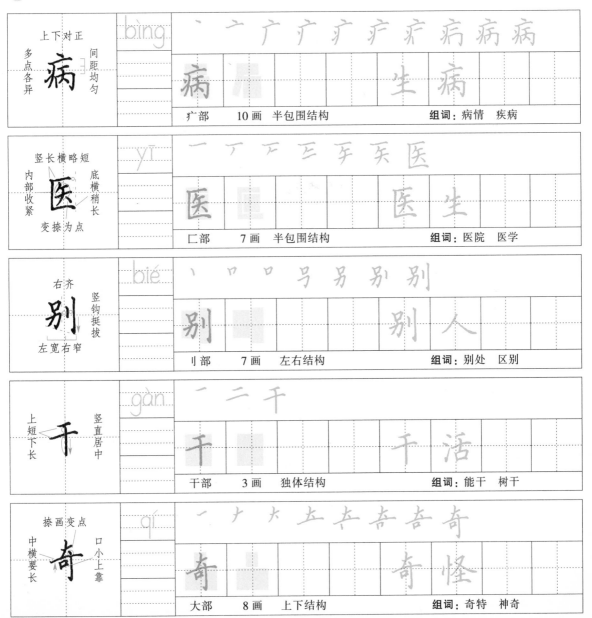

| 病 | 上下对正 多点各异 间距均匀 | bìng | 丶 一 广 广 广 疒 疒 病 病 病 |
| 生病 |
| 疒部 10画 半包围结构 组词：病情 疾病 |

| 医 | 竖长横略短 内部收紧 底横稍长 变捺为点 | yī | 一 厂 匚 匚 至 医 医 |
| 医 生 |
| 匚部 7画 半包围结构 组词：医院 医学 |

| 别 | 右齐 竖钩挺拔 左宽右窄 | bié | 丶 口 口 另 别 别 |
| 别 人 |
| 刂部 7画 左右结构 组词：别处 区别 |

| 干 | 上短下长 竖直居中 | gàn | 一 二 干 |
| 干 活 |
| 干部 3画 独体结构 组词：能干 树干 |

| 奇 | 捺画变点 中横要长 口小上靠 | qí | 一 ナ 大 太 卒 奇 奇 奇 |
| 奇 怪 |
| 大部 8画 上下结构 组词：奇特 神奇 |

来打分吧

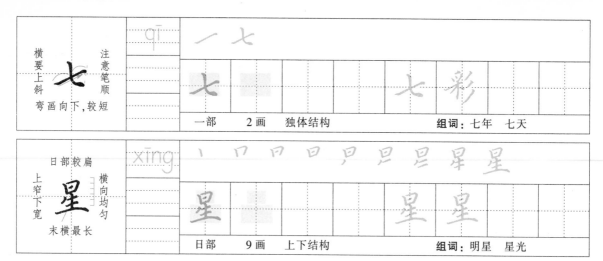

		qī	一 七					七 彩		
横要上斜	七	注意笔顺								
弯画向下,较短			七							
			一部 2画 独体结构					组词:七年 七天		

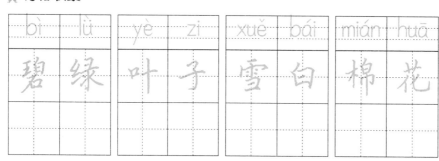

		xīng	丶 丨 冂 冂 日 旦 旦 星 星					星 星		
日部较扁	星									
上窄下宽		横向均匀	星							
末横最长			日部 9画 上下结构					组词:明星 星光		

 词语积累

bì lǜ	yè zi	xuě bái	mián huā
碧绿	叶子	雪白	棉花

成语积累

柳绿花红

万紫千红

五颜六色

五光十色

描描临临

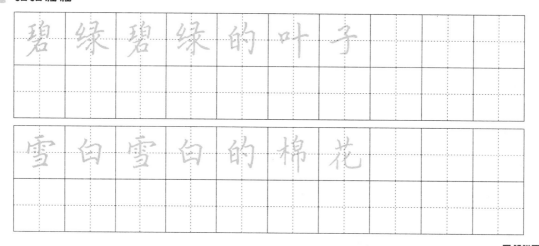

碧绿碧绿的叶子

雪白雪白的棉花

 字词听写

扫码听写

qí	qī tiān	xīng xing	bìng rén	yī shēng

来打分吧

20 咕 咚

笔顺动画

 我会认

gū	dōng	shú	diào	xià	lù	táo	mìng	xiàng	yě	lán	lǐng
咕	咚	熟	掉	吓	鹿	逃	命	象	野	拦	领

我会写

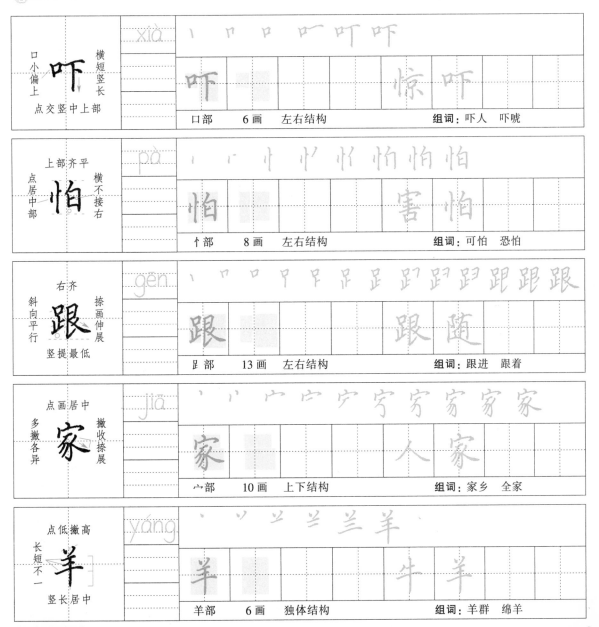

口小偏上 横短竖长 点交竖中上部	吓	xià	丶 口 口 吓 吓 吓	口部	6画	左右结构	组词：吓人　吓唬
上部齐平 横不接右 点居中部	怕	pà	丶 丶 忄 忄 忄 忄 怕 怕	忄部	8画	左右结构	组词：可怕　恐怕
右齐 捺画伸展 斜向平行 竖提最低	跟	gēn	丶 口 口 口 早 早 足 趵 趵 趵 跟 跟 跟	𧾷部	13画	左右结构	组词：跟进　跟着
点画居中 撇收捺展 多撇各异	家	jiā	丶 丶 宀 宀 宁 宁 宇 家 家 家	宀部	10画	上下结构	组词：家乡　全家
点低撇高 长短不一 竖长居中	羊	yáng	丶 丷 半 兰 兰 羊	羊部	6画	独体结构	组词：羊群　绵羊

来打分吧

		xiàng	丿 勹 勺 勺 勾 夕 夕 夕 夕 象 象								
上窄下宽 象 多撇各异	捺画伸展	象							大象		
		勹部	11画	独体结构				组词：象牙 象征			

		dōu	一 十 土 耂 耂 者 者 者 都 都								
左高右低 都 撇画长直	竖画下伸	都							大都		
		阝部	10画	左右结构				组词：都是 都好			

 词语听写

 扫码听写

gēn	zhe		kě	pà		dà	xiàng		dōu	shì		jiā	xiāng

21　小壁虎借尾巴

 笔顺动画

 我会认

bì	qiáng	wén	yǎo	duàn	nín	bō	shuǎi	gǎn	fáng	shǎ	zhuǎn
壁	墙	蚊	咬	断	您	拨	甩	赶	房	傻	转

 我会写

		zhuō	一 十 扌 扩 护 护 护 押 捉								
左伸右缩 捉 左窄右宽	撇收捺长	捉							捉弄		
		扌部	10画	左右结构				组词：捉住 捕捉			

		tiáo	丿 夂 夂 冬 条 条								
撇捺舒展 条 横短竖钩长	上下对正	条							面条		
		夂部	7画	上下结构				组词：长条 条纹			

来打分吧

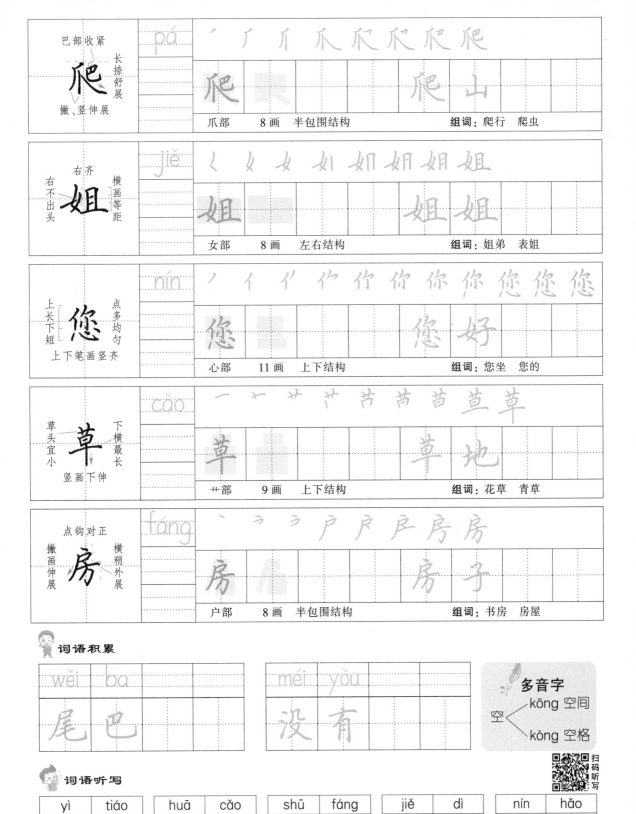

	pá								
爬	巴部收紧 长捺舒展 撇、竖伸展	丿 丆 爪 爪 爪 爬 爬 爬
	爬						爬 山		

爪部　8画　半包围结构　　　　　　组词：爬行　爬虫

	jiě								
姐	右齐 右不出头 横画等距	乚 夊 女 如 姐 姐 姐 姐
	姐						姐 姐		

女部　8画　左右结构　　　　　　组词：姐弟　表姐

	nín								
您	上长下短 点多均匀 上下笔画竖齐	丿 亻 亻 你 你 你 您 您 您
	您						您 好		

心部　11画　上下结构　　　　　　组词：您坐　您的

	cǎo								
草	草头宜小 下横最长 竖画下伸	一 十 艹 艹 节 苩 苩 莒 草
	草						草 地		

艹部　9画　上下结构　　　　　　组词：花草　青草

	fáng								
房	点钩对正 撇画伸展 横稍外展	丶 丶 亠 户 户 户 房 房
	房						房 子		

户部　8画　半包围结构　　　　　　组词：书房　房屋

词语积累

wěi	ba
尾	巴

méi	yǒu
没	有

多音字

空 ⟨ kōng 空间
　　 kòng 空格

词语听写

yì	tiáo

huā	cǎo

shū	fáng

jiě	dì

nín	hǎo

扫码听写

来打分吧

语文园地八

我会认

wèi shuā shū jīn cā zào zǎo pén
卫 刷 梳 巾 擦 皂 澡 盆

一、将下面的生字,规范地写在田字格里。

医	别	星	吓	家	羊	姐	房

二、看拼音,写词语。

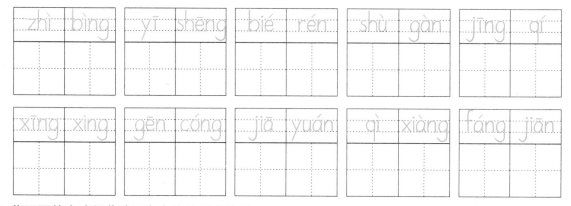

zhì bìng	yī shēng	bié rén	shù gàn	jīng qí

xīng xing	gēn cóng	jiā yuán	qì xiàng	fáng jiān

三、将下面的古诗规范地写在右边的田字格里。

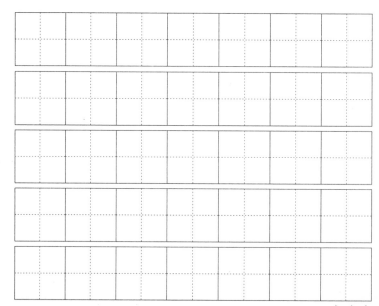

画 鸡

〔明〕唐 寅

头上红冠不用裁,
满身雪白走将来。
平生不敢轻言语,
一叫千门万户开。

来打分吧